インドネシア イスラーム大国の変貌

躍進がもたらす新たな危機

小川忠

新潮選書

インドネシア　イスラーム大国の変貌

躍進がもたらす新たな危機

目次

はじめに

世界の「イスラーム化」

「グローバリゼーション」と聞いて、冷戦終結以降、唯一の超大国となった米国から大量の資本、情報、人材が世界中に出まわる様を連想する人が多い。しかし実は、グローバリゼーションの発信源は、米国のみにとどまらない。米国発のグローバリゼーションに抗するかのような、巨大な潮流が世界には存在する。そのひとつが、「イスラームのグローバリゼーション」である。欧米諸国に反発し、対抗し、混じり合って複雑な色彩を国際社会にもたらしている大河のような流れが、イスラーム諸国から生じ、国際政治や経済の争点となっている。

「イスラームのグローバリゼーション」とは、具体的にはイスラーム教徒の移動と人口の拡大、イスラーム経済ネットワークの拡大、イスラーム的価値観の影響力・存在感の拡大等を指す。

なかでもイスラーム教徒の国境を越えた移動、移動を通じて彼らがはりめぐらせるネットワーク、人口増加という要因は、中長期的に世界地図を書き換える可能性を秘めている。つまりこれまでイスラーム教徒が少なかった地域でもイスラーム社会が根をはり、その数を増やし始めているのである。

昨今の報道で注目されているのが、欧州のイスラーム社会だ。米国の民間調査機関「ピュー・リサーチ・センター」によれば、二〇一〇年時点でEU内のイスラーム教徒の数は二〇〇〇万人に達している。主要国ではドイツに四七六万人、フランスに四七一万人、英国に二九六万人のイスラーム教徒が暮らしている。総人口に占めるイスラーム教徒の数は、ほぼ全ての国で一%以上であり、フランスでは七・五%に達している。かつて労働力として旧植民地宗主国に働きにきて、そのまま定住することになった人びとと、その二世、三世たちである。このようなイスラーム社会の拡大が、今日の欧州を揺るがすテロの頻発、押し寄せる難民、これに反発する排外的な民族主義の台頭といった問題の背景にある。

「ピュー・リサーチ・センター」が二〇一五年に行った報告によれば、今世紀後半にイスラーム教徒人口がキリスト教徒を超え、イスラーム教は世界最大の宗教になると予測される。同報告によれば二〇一〇年のイスラーム教徒が世界人口に占める比率は二三・二%だが、二〇一〇年時点のイスラーム人口に比して七三%の高い伸び率で人口増加が進み、二〇五〇年にはこれが二九・七%に上昇する。一方現在最大宗教であるキリスト教徒の比率は二〇一〇年時点三一・四%で、今後もほぼ横ばい状態が続くと考えられる。やがて今世紀なかばにはイスラーム教とキリスト教は人口でほぼ拮抗し、世紀後半にはイスラーム教徒がキリスト教徒を超える。言うなれば世界で「イスラーム化」が進行するのである。

そしてこの「世界のイスラーム化」は、中東・アフリカや欧州だけの話ではない。日本の近隣地域である東南アジアでもイスラームの存在感が、拡大の一途にある。経済と人口が拡大し活気あふれるASEANの人口は約六億であるが、その四割は現在すでにイスラーム教徒なのである。そしてその大半は、世界最大のイスラーム人口大国インドネシアとイスラームを国教とするマレーシアに集中している。日本国内に在住するイスラーム教徒人口を国別にみた場合も、常に一位を占めるのがインドネシアである。

近年、政治・経済・文化の各分野において、日本のパートナーとして東南アジアの重要性が再認識され、日本はこの地域との関係性を深めつつある。ということは、世界がイスラーム化していくなかで、日本がまず向き合わねばならないのは東南アジアのイスラーム、特にインドネシアのイスラームである。本書では、そのインドネシアのイスラームについて考えていきたい。

インドネシア　二〇年間の変容

筆者は、二〇一一年九月から一六年三月まで独立行政法人国際交流基金ジャカルタ日本文化センターで働いた。国際交流基金は日本のパブリック・ディプロマシー（広報文化外交）の一翼を担う機関として、国際文化交流事業を世界各地で展開しており、インドネシアでは、日本語教育への協力、知日層の拡充、市民青少年交流を通じた防災・災害復興、伝統文化からポップカルチャーまで幅広い日本文化の紹介とコラボレーションなどに重点的に取り組んでいる。

筆者にとって、インドネシア駐在は二回目である。一回目は一九八九年から九三年まで四年間、国際交流基金職員として初めての海外駐在を経験した。その時「国家・民族・文化とは何か」を考えたことが、後の自分のアジア交流に関する仕事や著作活動の原点となった。

二〇一一年の赴任は、ほぼ二〇年ぶり二度目ということで、インドネシアという国を観察するにあたって過去との比較という新たな分析の視点が加わった。二度目の駐在で強く感じる、二〇年間の時を隔てたこの国の変化を列挙すると次のような点だ。

① 政治面：スハルト・ファミリー及び軍部の強権的支配が崩壊し、政治の民主化、地方分権化が進んだ。

② 経済面：アジア通貨危機の混乱を克服し、二〇〇〇年代後半からの力強い経済成長により、国内では中間層が拡大し、対外的には国際社会での発言力が高まった。

③ 社会文化面：①②の政治・経済変化を背景に、都市部中間層、特にソーシャル・メディアに長けた青年が世論形成や文化創造の担い手となった。

本書が取り上げるのは、第四の変化、インドネシア社会の「イスラーム化」である。二〇年前にすでに芽が出ていたこの現象が本格化し、さらに加速している。

「イスラーム化」という言葉について、説明が必要であろう。

日本は、西洋というフィルターを通してイスラームを理解してきたため、西洋が有するイスラームへの先入観を無自覚なまま受容してきた。このため「イスラーム化」と書くと「テロの危険性増大」とか「前近代的思考に凝り固まった人びとによる人権の侵害」といった否定的なイメージに直結しがちだ。しかし、本書において「イスラーム化」は、基本的に否定的含意を意図するものではない。

また「イスラーム化」といっても、これまでイスラーム教徒でなかった人びとが、強力なイスラーム指導者やイスラーム教団組織の宣教によって、続々とイスラーム教徒に改宗しているというわけではない。もともとインドネシアは、国民の九割近くがイスラーム教徒の国なのだ。

かといって「イスラーム化」が、「この国の政治においてイスラーム系政党が台頭し、権力を握ろうとしている」という政治状況を意味するかといえば、そうでもない。確かに一九九八年スハルト政権崩壊後の民主改革時代に入ってしばらくは、選挙でイスラーム系政党は躍進し議席を拡大させたが、今はかつての勢いは失せており、近い将来彼らが政権を握る可能性は低い。

では、インドネシア社会の「イスラーム化」とは何か。それは、これまでイスラーム教徒でありながらもその教えをさほど強く自覚してこなかった人びとが、イスラーム的価値を「善きもの」と考えるようになり、日常生活においてイスラームの戒律を守り、敬虔なイスラーム教徒として生きていこうとしている変化を指す。そして、こうした意識の変化は、インドネシアの民主化や経済成長の担い手たる、都市部の中間層、青年層において顕著なのである。

それゆえにか、この社会階層の膨大な個人意識が「イスラーム覚醒」「イスラーム意識の活性化」ともいうべき変化を起こした帰結として、経済面でイスラーム金融（第二章で詳述）やハラール市場（イスラーム法的に合法な食品、製品の市場）の拡大といったイスラームと資本主義の共鳴というべき現象が発生し、文化面ではイスラームをテーマとするテレビドラマ、映画、文学、造形芸術が隆盛の時を迎えている。

政治面から言えば、前述した通りイスラーム政党が権力を握るような状況にはないが、議会や行政といった公共空間において、これまで以上に「大多数の国民がイスラーム的価値観を抱く有権者」であることを意識して、多宗教国家の政策を検討する場面が増えている。イスラーム教徒を「敵」にまわすことは政治的に不可であり、イスラーム有権者の票をどうとりこむかが、選挙戦術上、極めて重要事項になってきている。

こうした諸相を総称してインドネシア社会の「イスラーム化」と呼ぶこととしたい。

したがって、インドネシア社会の「イスラーム化」は実に多様で、多面的である。ある人にとって、「イスラーム化」は、めまぐるしく移り変わり無国籍化するインドネシア社会において、インドネシア人であることを自覚させてくれる心のよすがであろう。他方、「イスラーム化」によって、以前と比べて自由な発言、行動を差し控えねばならないタブー領域が増えて、表現の自由が狭まっていると感じている人もいる。

このように、インドネシア国民においても「イスラーム化」が含意するものは様々であり、単一のイメージでこれを捉えることはできないのである。本書では、その多様性、多面性をあるが

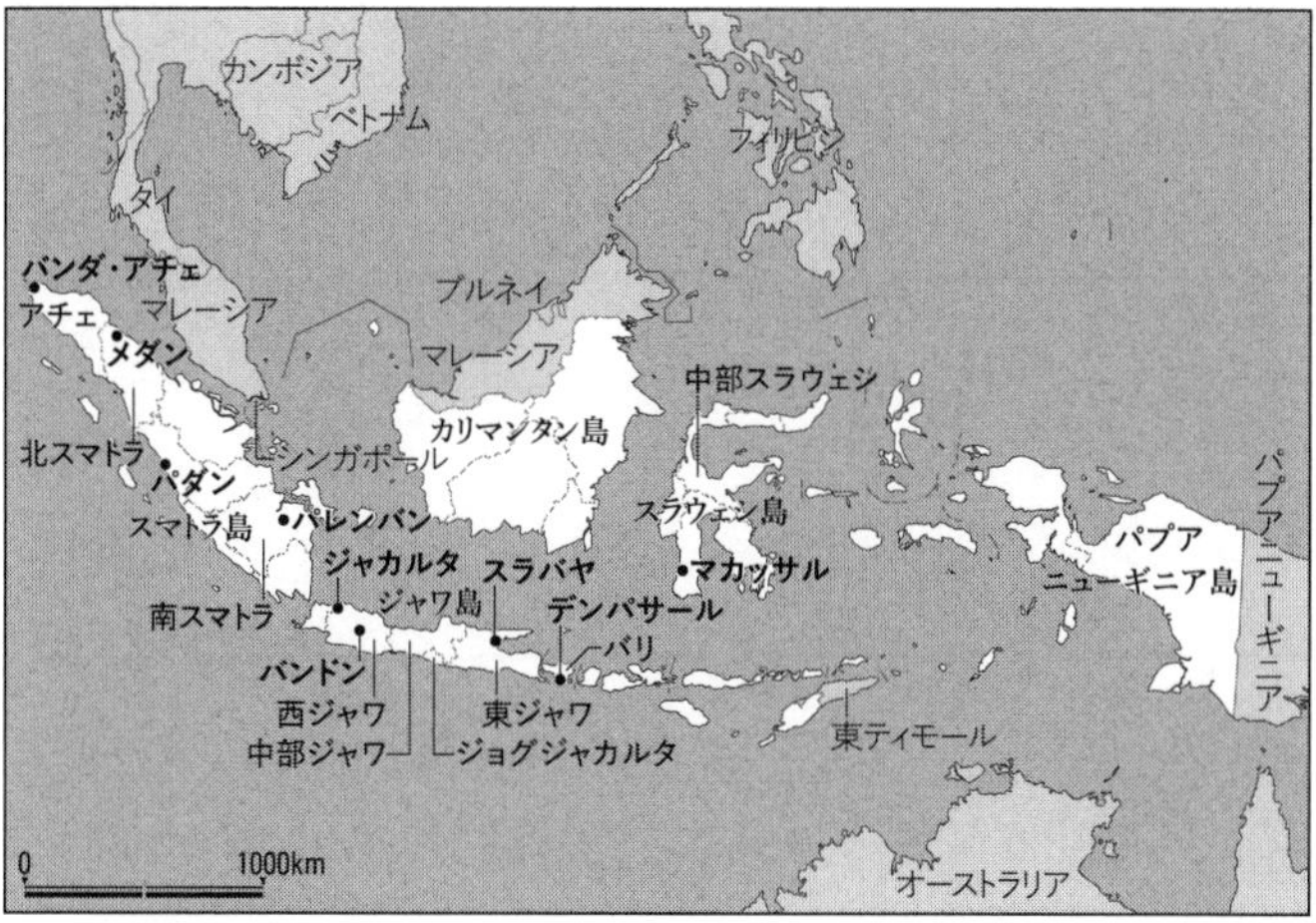

ままに描写してみたい。

大国としてのインドネシア

ところで二〇年の時を経て、以上述べたような「変わったインドネシア」もあれば、「変わらぬインドネシア」もある。この国の基本的な性格そのものは、今も二〇年前も変わらない。

本題のインドネシア社会の「イスラーム化」を語る前の背景説明として、インドネシアという国の基本性格を概説しておきたい。

基本性格の最初に挙げるべきは、その巨大さである。日本では、この点があまり認識されていないのではないだろうか。米国、中国、インド、ロシアと聞けば、日本国民の誰もが「大国」というイメージを想起する。しかし「インドネシア＝ASEANの一国」という程度の認識に終始し、米国や中国に感じる「大国感」をいだく人は案外少ないのではないだろうか。

領土の面ではインドネシアの面積は約一八九万平方キロで日本の約五倍、長大な列島国家の東西幅は五千キロをこえ、米国本土よりも長い。

さらに二〇一三年インドネシア政府統計によれば人口は約二・四九億人、中国、インド、米国に次ぐ世界四位の人口大国である。ASEAN総人口の四割がインドネシア人ということになる。生産年齢人口（一五〜六四歳）の比率が七割近い高比率であり、「人口ボーナスの恩恵を受ける国」として最近では注目を集めている。

多民族・多言語国家であるということ

ASEAN一の大国の基本性格として第二に挙げるのは、この国が多民族・多言語国家であり続けているということだ。ちなみに「インドネシア共和国」という国家や「インドネシア人」という民族は、二〇世紀なかばに実体として存在するに至った、歴史的には比較的新しい概念である。植民地支配勢力に対抗する独立運動のなかで生まれた連帯意識、仲間意識が「我らインドネシア国民」という国民意識（ネーション）に結実した。

ナショナリズムは、その正統性の源によって、民族ナショナリズム、宗教ナショナリズム、領域ナショナリズム等に分類できるが、インドネシア国家は領域ナショナリズムを基盤とする国民国家である。二〇一五年に逝った米国コーネル大学ベネディクト・アンダーソン教授がこれを

「想像の共同体」と呼び、同名の著書は、今ではインドネシア地域研究の枠をこえて、ナショナリズム研究の必読書となっている。

この領域国民国家の内側には、言語・文化・習慣・宗教などを基礎とする複雑に入り組んだ民族（エスニック集団）が多数存在している。ジャワ人、スンダ人、バリ人、アチェ人、バタック人、ミナンカバウ人、トラジャ人……といった具合だ。

ネーションやエスニシティ・アイデンティティー形成の有力な源泉となるのが言語だ。多民族国家インドネシアは、多言語国家でもある。一体どれくらいの数の言語が話されているのだろうか。言語の定義の仕方にもよるが、諸説あって三百〜五百とも言われている。

このような多言語空間のなかで、インドネシア語は一九四五年に憲法によって「国語」と規定されている。インドネシア語は言語学的にいってマレー語の一種、ムラユ語に他ならない。複雑な文法をもたないこの言語は、意思疎通に便利な言葉としてスマトラ島とマレー半島のあいだの交易に用いられ、オランダもこれを植民地統治に利用したことから、次第にオランダ領東インド（インドネシア）において、都市部を中心に広まっていった。

インドネシア語が国語に制定される経緯をふりかえると、改めて建国の父たちの絶妙な統治センスに舌をまかざるをえない。インドネシア建国の父たちが世界に誇ってよいのは、最大多数派の言語ジャワ語を国語に採用せずにインドネシア語を採ったことである。

というのは、領内に存在する多様な民族集団のなかで最大集団はジャワ人であり（二〇〇〇年の国勢調査によれば八三八六万人で全人口の四一％）、彼らの言語であるジャワ語が植民地から独立した新国家の「国語」となる可能性もあったはずだ。にもかかわらず誰もがひとしなみに学びやすいムラユ語を共通言語として選択し、「インドネシア語」の名称を冠した。

これは単に言語の選択のみならず、植民地からの解放後の新国家がジャワ人を柱とするジャワ中心国家となるのか、多民族が多様なるままに平等な立場で結集する多民族国家となるのか、国家の基本設計に関わる極めて重要な路線選択という意味を帯びていた、ということでもある。

結局、一九二八年一〇月に開催されたインドネシア青年会議は「青年の誓い」を採択し、「われわれインドネシア青年男女は、インドネシア語という統一言語を使用します」と宣言し、独立運動の流れはインドネシア語使用の方向に固まった。

オランダ領植民地から独立国家として誕生し、インドネシア語という乳を飲みながらインドネシア・ナショナリズムは育ち、「われらインドネシア民族」というアイデンティティーが形成されていったのである。

多宗教国家・インドネシア

インドネシアの基本性格の第三は多宗教国家であるということだ。

宗教も、言語と並んでアイデンティティー形成の重要な要素である。二〇一〇年宗教省統計ではインドネシアの宗教構成は、イスラーム教徒八八・一％、キリスト教徒九・三％（プロテスタント六・一%、カトリック三・二%)、ヒンドゥー教徒一・八%、仏教〇・六%、儒教〇・一%、その他〇・一%となっている。日本ではインドネシアといえば、ヒンドゥー文化が盛んなバリ島や仏教遺跡ボロブドゥールが有名な観光スポットであるため、インドネシアをヒンドゥー教の国、仏教の国と誤解している人も多いが、現在では両宗教人口を合わせても二%強にすぎない。

国民の九割近くがイスラーム教徒であるインドネシアは世界最大のイスラーム人口を擁する国だ。しかし、だからといって「イスラーム教の国」ではない。これはよく誤解される点である。

他方、少々ややこしくなるが、一般的に理解される「世俗主義国家」「政教分離国家」でもないことを理解しておく必要がある。

それは憲法にはっきり明記されている。インドネシア憲法二九条第一項において、国家の基礎となるのは「唯一神への信仰」と記されており、憲法前文においても国家原則の一つとして「唯一神への信仰」が明記されている。これは無神論をインドネシア国家は許容しないという立場を示すものとみなされる。ということは、公共空間から宗教を排除する、もしくは宗教の公権力への介入ならびに公権力の宗教への介入を認めない「世俗主義」「政教分離」とは異なる原理を、インドネシア憲法は掲げていることを意味する。

他方、同条第二項では、「国家は、すべての国民の信仰の自由を保障し、その宗教及び信仰に従って礼拝を行う自由を保障する」としており、いかなる宗教を信仰するのも自由であり、イスラーム教を国教とする規定は存在しない。

あえて圧倒的多数派のイスラーム教を国教としなかったのは、言語政策と並んで、建国の父たちが見せたバランス感覚の良さであろう。

とはいえ国民の九割が信仰するイスラーム教は、独立前から最近に至るまで特別な存在であり続けてきたし、インドネシア社会の「イスラーム化」によって、その重要性は、現在ますます高まっている。宗教政策、とくに対イスラーム政策は統治者にとって、国の根幹に関わる重要事項といえる。

第一章で述べる通り、二〇一六年一月にジャカルタでIS（「イスラーム国」）がらみの爆弾テロ事件が発生し、あらためてインドネシアの為政者と国民は宗教と社会の関わりについて自らに問わねばならない事態に直面した。

宗教がもつ存在感は、日本では想像できないぐらい大きい。

穏健なイスラーム

インドネシアを含めて東南アジアのイスラームは、ごく一部の例外的な過激集団を除けば、中東や南アジアと比べて「穏健なイスラーム」と言われてきた。一口にイスラームといっても、この国におけるそのありようは実に多様であって、アチェ特別州のイスラーム教徒とジャワ島のイスラーム教徒のあいだでは、信仰のありようは大きく異なっている。この多様性は、イスラームがこの国に伝えられ、各地で定着していった歴史に起因するところが大きい。

ところでインドネシアと日本の宗教受容には、共通点がある。いずれも各地に自然崇拝、祖霊崇拝等が元々存在し、中国やインドの大文明が栄えた大陸の周縁部分の列島にあって、歴史の流れの中で地層を重ねるように大文明の影響を摂取しながら独自の宗教意識を育んできた。日本の場合は、基層にあるのがアニミズム（神道）であり、そこから仏教→儒教→キリスト教の順に外来宗教が流入した。インドネシアの場合はアニミズムを出発点に仏教・ヒンドゥー教→イスラーム→キリスト教という外来宗教が入って来て、これら複数の宗教が習合しながら発展してきた。イスラームと聞くと「乾燥した砂漠の峻厳な教え」を想起する人が多いが、インドネシアでは多雨湿潤の風土に溶けこみ、各地にしっかりと根をおろしている。

イスラームの伝播時期は諸説あるが、確実な歴史として残るのは、北スマトラ、サムドゥラ・パサイ地域のイスラーム王が一二九七年に死去したことを示す墓碑である。その後一五世紀なかばスルタンの称号をもつムザッファル・シャーがマラッカ王国を統治し、マレー半島とスマトラ島のイスラーム化が本格化した。ジャワ島でも一六世紀からイスラーム王国が勢力を拡大させ、ヒンドゥー・仏教古代王国であったマジャパヒト王国を滅亡させる。

東南アジア多島海のイスラーム伝播を特徴づけるのが、①数百年かけて緩やかにイスラーム化が進行したこと、②その布教者は、海のシルクロードを通って交易のために渡来したアラビア人、ペルシア人、インド人、チャム人（当時ベトナムに栄えたイスラーム王国人）、そして中国人（大航海で有名な鄭和《ていわ》はイスラーム教徒）と、多様な背景をもった人びとである。中東、南アジア、中央アジアは、軍事的征服によって短期間でイスラーム化したが、東南アジア海域では平和裏にゆっくりとイスラームへの改宗が進んだ。

またこの地域に拡がったイスラームは、イスラーム神秘主義の影響が強かったと考えられる。イスラーム神秘主義は聖者信仰等イスラームが土着信仰と結びつく習合的色彩が強い。これが異なる宗教が摩擦なく共存することにプラスに作用していると考えられる。

インドネシアのイスラームが柔軟かつ多様であり、穏やかな性格を有するのは、これらの特質に由来するのかもしれない。

しかしながら、「穏やかな」インドネシア・イスラームが、時に激烈な闘争、反乱に人びとを動員するエネルギー源ともなってきた。オランダ植民地時代に発生したパドゥリ戦争（一八二一〜三七）、ディポネゴロ戦争（一八二五〜三〇）、アチェ戦争（一八七三〜一九一二）は、イスラーム教徒による植民地権力者への反乱という側面を有し、独立闘争の先駆けとして、インドネシアの歴史では位置付けられている。

このなかでもパドゥリ戦争の展開は興味深い。一九世紀はじめ、交通手段の発達によって東南アジアからメッカへの巡礼者が増えつつあった。メッカ巡礼（ハジ）帰国者たちのなかで、当時アラビア半島で興った原理主義的なワッハービズムの影響を受けた者たちが、禁酒、禁煙などを求め、従わない者たちを攻撃するなど急進化し、これがやがて反オランダ闘争に変化していった。

中東イスラーム世界で発生したイスラーム改革運動、その一部が変容したイスラーム過激主義が、交通・通信手段の発達を通じて東南アジア多島海イスラームに伝播しテロリズムの脅威をうむという今日のＩＳ問題の原型を、一九世紀はじめのパドゥリ戦争に見出すこともできるのである。

＊

本書は、日本の読者にとってなじみ薄く、かつ歪んで理解されることの多いインドネシア社会の「イスラーム化」の諸相について、二〇一一年から四年半この国で暮らし内側から観察し、学び、感じた体験から報告するとともに、「イスラーム化」するインドネシアと日本が、これからいかに未来を創っていくのか、その展望を語りたい。

本書は以下のような構成となっている。

最初にＩＳ問題で揺れるインドネシアの現状とその背景を語るとともに、いかにテロを克服していこうとしているのか、ハードとソフト硬軟とりまぜたその模索を探る（第一章）。

続いて、より大きな視点に立ちインドネシア社会の「イスラーム化」現象について、経済・文化・教育の各方面から捉え直し、なぜ急速に経済発展し、近代的教養を身につけた中間層が拡大するこの国で宗教が復権する現象が生じているのかを考察する（第二章）。

さらに、「イスラーム化」によってインドネシアは、本来備えていた他の宗教や価値観への寛容性を失いつつあるという指摘もある。その原因を分析するとともに、寛容の伝統を保持し続けるために重要となってくるイスラーム教義解釈力について考えてみたい（第三章）。

続いて目を外に転じて、「イスラーム化」現象がインドネシア外交にどのような変化をもたらしているのか、国内イスラーム界の世論と外交との関係などを概説する（第四章）。

そして、最後に「イスラーム化」のインドネシアが日本をどのように見ているのか、そうしたインドネシアと日本はこれからどのようにつきあっていくべきかを展望することで、本書のまとめとした（第五、六章）。


なお、本書で引用した英語もしくはインドネシア語文献は、断りがないものを除いて拙訳であり、そこで生じた誤訳の責任は筆者に帰する。コーラン日本語訳は、日本ムスリム協会発行『日亜対訳・注解　聖クルアーン第7刷』を参照した。

本書のベースとなっているのは、筆者が毎月日本の友人に向けて個人的に送信していた『ジャカルタ通信』であり、これに最新状況をふまえて加筆、修正した。そうした過程を経た本書で示される見解、見方は全て筆者個人のもので、国際交流基金や同ジャカルタ日本文化センターを代表するものではない点を、あらかじめお断りしておきたい。

第一章　テロリズム克服の模索

1　「イスラーム国家」樹立という誘惑

ジャカルタ連続爆弾テロ事件

二〇一六年一月一四日午前一〇時四〇分ごろ、ジャカルタ中心部タムリン通りに面するスカイラインビル一階のスターバックス・カフェに入って来た男が自爆、その直後に近くの交差点にある警官詰め所で再び爆弾テロが発生、さらに詰め所を取り巻いた群衆のなかにいた武装した男たちと警察のあいだで銃撃戦があり、一一時すぎにスターバックス前の駐車場で男らの所持していた爆弾が暴発し彼らを吹き飛ばした。民間人四人、犯行グループ四人が死亡し、二〇人以上が負傷した。

インドネシア警察当局は当初、シリアに渡ったインドネシア人過激派活動家バフルン・ナイムが犯行グループの背後で今回のテロ計画を練った首謀者とみて捜査を進めていた。バフルンはIS（「イスラーム国」）の、東南アジア域内における指導権をめぐって、フィリピンの過激組織とライバル関係にあり、なんらかの「実績」をあげる必要に迫られている、とみられたからである。

しかし真相解明が進むにつれて、バフルンの事件に果たした役割は間接的で、実際に事件を主導したのは、現在中部ジャワのヌサカンバンガン島にある刑務所に収監されている過激思想家アマン・アブドゥルラフマンが指導する国内過激グループ「ジェマ・アンサール・ハリーファ（JAK）」であるという見方が強くなってきた。JAKは、シリアに渡ったインドネシア人IS参加者から情報、資金提供を受け、連携しつつ、自らのイニシアティブでことを起こしたというのである。事件の全貌についてまだ未解明な部分も多いが、その捜査を通じてシリアのインドネシア人IS参加者は、現在三つのグループに分かれて反目しあっており、それぞれが「実績」をあげるために、東南アジアのISシンパを支援し、テロ実行を呼びかけている構図が明らかになった。

東南アジアのテロ問題に関する権威である民間研究機関、インドネシアの「紛争政治分析研究所」が二月一日に公表した同事件に関する報告を参考に今回のテロ事件の犯行グループ四人の横顔をみてみたい。

JAK実行犯グループ四人は、いずれも二〇代〜三〇代の青年である。スターバックスで自爆したアフマド・ムハザンは西ジャワ州スバンのイスラーム寄宿舎（プサントレン）に学んだ。このプサントレンはかつて有名なテロリストをかくまったことで知られている。JAK地方幹部の弟子だった。

警官詰め所で爆死したディアン・ジョニ・クルニアティは、同じくJAK地方幹部に近かった。国立職業訓練高校を卒業し電気機械の専門知識をもつ。警察は、二〇一一年チレボンの警察モスクで発生したテロ事件関係者とも関わりがあったと見ている。

タムリン通りで銃をかまえる映像が世界中に流れた、ＪＡＫメンバーのアフィフは、アチェ軍事訓練に参加して当局に逮捕され、東ジャワ州の刑務所で二〇一一年から一五年まで服役した。そこで、同じ刑務所に収監されていたアマン・アブドゥルラフマンの感化を受けていたのである。刑務所が用意した「脱過激化」プログラムを拒否したにもかかわらず（法的強制力はない）、服役態度が模範囚であったため刑期が短縮され、一五年早々に彼は出所していた。

アフィフとともに警官隊と銃撃戦の後爆死したムハンマド・アリも同じくＪＡＫのメンバーである。

この犯行グループ四人全員が、二〇一五年五月から一〇月のあいだ、アマン・アブドゥルラフマンが収監されている刑務所を訪問し、ＩＳを支持する過激思想家受刑者の指導を受けた。そして事件直前の同年一二月一四日から一六日にかけてテロを実行するための訓練を行っていた。

かつて二〇〇〇年代にインドネシアで大規模テロを引きおこしたジェマ・イスラミアのメンバーは、アフガニスタンで実戦経験のある「プロ」のテロリストたちだった。しかし今回の犯行グループ四人はシリア・イラクへの渡航経験はなく、戦場で戦った経験もない。バリ島やパリでのテロ事件と比べると、爆弾は小規模で建物を全壊させるほどの威力はなく、破壊の及んだ範囲は想像したよりもずっと限られていた。犯行現場の警官詰め所は一〇日ほどで修復を終え再開している。装備していた武器の戦闘能力は低く、警官への敵意も中途半端なものだった。爆弾の操作を誤って爆死した結末からも、テロリストとしては素人という印象を与える。

アマチュアっぽいテロリストたちの当日の行動から、浮かびあがってくるのは、自分たちがここに存在していることを社会に示したい、という悲しい衝動だ。

組織の捨石となった彼らの行動からは、組織幹部からは感じられない貧困への怒り、社会への閉塞感とでもいうべき鬱屈した感情が漂っている。交差点の警官詰め所を取り巻く野次馬の後ろで、銃を構えて、ウロウロする彼らの所在なさは、他者との対話を拒絶し、孤立する「群衆の中の孤独」を象徴するかのようだった。

「ジャカルタ連続爆弾テロ事件」を特集した「テンポ」誌

首都ジャカルタの中心部で起きたこのテロ事件は、インドネシアが依然としてテロのリスクを抱える国であることを国際社会に思い知らせた。アマチュアの犯行ゆえに、被害規模は過去のテロ事件と比べて大きくなかった。だが、シリアやイラクで戦闘経験を積んだ「戦争のプロ」がインドネシアに帰国したらどうなるのか。彼らがソーシャル・メディア等の最新コミュニケーション技術を通じて、威力の高い爆弾、武器製造のノウハウをインドネシア国内のＩＳシンパたちに教えこんだらどうなるのか。懸念材料は多い。

事件後インドネシアでは、反テロ法の改正、刑務所の管理体制の見直し、脱過激化プログラムのあり方について議論が行われている。

ＩＳに共感する若者

インドネシアでは二〇一四年ごろから、インターネット等を通じた国際テロ組織ＩＳのプロパガンダが流れ、その影響力拡大を止めようとする治安当局とのあいだの暗闘が続いていた。

国民の約九割がイスラーム教徒のこの国では、精神的・心理的に中東は遠い存在ではない。これまでも中東イスラーム圏で発生した政治・軍事・文化的事象は、国内イスラーム教徒の世界観やそれに基づく行動に一定の影響を及ぼしてきた。最近のＩＳをめぐる問題も、この地理感覚を強く意識させられる。ＩＳの影響力拡大に対して、インドネシア政府首脳は危機感を深めている。

ＩＳの国境を越えた影響力が国際的に注目された二〇一四年八月、シリアに渡ったインドネシア人活動家が「ＩＳによるジハード（聖戦）へ参戦せよ！」と呼びかけるＹｏｕＴｕｂｅ映像が自国内に流れていることにショックを受けた当時のユドヨノ政権は、「ＩＳは多様性の中の統一をうたう国家原則に抵触する」という見解を出して、軍や警察によるＩＳ関係者の検挙に乗りだした。さらに主流イスラーム組織も「ＩＳの暴力的な姿勢はイスラーム本来の教えとは相いれない」という声明を次々に出して、影響力拡大を抑えにかかった。

二〇一四年一二月、インドネシア国家テロ対策庁長官は、すでに五一四人のインドネシア人がシリアとイラクでISの戦闘に加わっていると述べた。それから一年後、今度は政治・法務・治安担当相が、二〇一五年一一月時点で、インドネシアから七〇〇人がISの戦闘員として中東に渡っていると明らかにした。一年間でさらに約二〇〇人増えたことになる。同大臣は、「〔パリ同時多発テロと〕同様の事件は東南アジアでも起こり得る。テロに免疫のある国はない」「ISは宗教を道具にしている。我々共通の敵だ」と語った。

もっとも七〇〇人という数については留保が必要だろう。「紛争政治分析研究所」シドニー・ジョーンズ所長は、インドネシア政府統計の精度について疑問視しているし、七〇〇人皆がISの熱心な支持者というわけではなさそうだ。

たとえば二〇一五年四月インドネシアのメディアはシリアから帰国しIS支援容疑で逮捕された男の声を紹介している。この証言では、渡航先では高給がえられ、目的はイスラーム教徒同胞への人道支援だと渡航前に説明を受けていたが、実はこれは虚言で約束は守られなかったという。そもそも応募した動機は、イスラームの大義からではなく、生活苦からだった。募集に応じれば借金を肩代わりしてくれるといわれたという。志願者は募集側が望むほどは多くはなく、かなり無理な勧誘を重ねているのであろうことが推測できる。

したがって、「インドネシアからISに参加する者の士気は高く、続々と応募者が出てくる」と主張するのは、実像と離れている。渡航者が多いのは、この国のイスラーム人口が他国と比べて格段に大きいからであり、人口比率からすれば、本当に一握りに過ぎないのである。

しかしながら全体のなかでは極めて少数とはいえ、ISシンパが増殖する流れそのものを、政府は抑えきれていない。他方、従来テロを実行してきた組織は、インドネシア政府によって国内での活動を封じ込められており弱体化している。そのため、現在この国では、物理的暴力によってISへの関与を強要される状況は存在しない。それでもISに身を投じるのは、貧困への絶望や甘言に騙されたからだけではない。若者たちのなかには、ISの主張、思想に惹かれ、自発的にイラクやシリアに渡航しようと考える者がいる。

英語力の向上とイスラーム過激思想

ISのプロパガンダは、いかにしてインドネシア社会に浸透しているのだろうか。前掲「紛争政治分析研究所」の報告「インドネシアにおけるISISの浸透」を参照しつつ、ふりかえってみたい。

インドネシアへのIS浸透のきっかけは、中東からではなく、英国からだった。イスラーム法による統治の確立、そのためには暴力的手段も辞さない、と主張するイスラーム主義組織「アル・ムハジロン」が、八〇年代に英国で活動を始めた。

そもそもイスラーム史をたどると（神から選ばれた最後の預言者とされる）ムハンマド死後の初

期の時代には、ムハンマドの後継者・代理人にあたる「カリフ」を首長とする政治体制が存在した。特に初代カリフに選出されたアブー・バクルから第四代アリーまでの時代は「正統カリフ時代」と呼ばれ、ムハンマドの血族にして話し合いで選出されたカリフの下、「統一されたイスラーム共同体が正しくイスラームの教えを奉じた時代」として長く理想視されている。

以後の中東イスラーム史においては、権力を握った者は「カリフ」を名乗り、その正統性を確保することで、政治的に利用しようとしてきたし、またその一方で「正統カリフ時代」のようなイスラーム的に「正しい」カリフ制度を復活させようという試みが何度となくなされてきた。アル・ムハジロンは、

① イスラーム法に基づくカリフ制国家の現代における再興
② これを実現するためのジハードへの参加は全てのイスラーム教徒の義務
③ ジハードには暴力的手段も含まれる

と主張した。さらに、「たとえイスラーム教徒であってもカリフ制復活を支持しない者は『カーフィル』（不信仰者）であり、天罰が与えられるべき者である」とした。つまり、このようなアル・ムハジロンの主張に基づけば、イスラーム教徒が多数を占めていても、世俗主義的国家原則に基づいて統治を行っている国家（まさにインドネシアがその例）は、「不信仰者たちの国家」で

あり、打倒すべき対象となる。

この主張に共鳴して、イスラーム法（シャリーア）による統治を求める急進的な組織「シャリーア4」の名称を冠する支部が次第に世界各地で作られた。インドネシアでも二〇一〇年に「シャリーア4インドネシア」という意見交換サイトが立ち上がり、イスラーム市民に向けたインドネシア語による草の根情報発信が行われた。

インドネシアがアル・ムハジロンと出あったのは、その五年前にさかのぼった二〇〇五年だ。シャリーア4インドネシア創設者ムハンマド・ファッハリーが、オンライン対話フォーラムでアル・ムハジロンの議論に加わったことに端を発する。この議論に触発されたファッハリーは自身の手で、アル・ムハジロンの英語論説をインドネシア語に翻訳するインターネット情報サイトを立ち上げた。また国内に存在する他のイスラーム意見交換サイトに参加して、そこでもアル・ムハジロンを喧伝した。こうした流れの延長線上に、シャリーア4インドネシアの始動がある。

二〇〇〇年代とは、世界的にインターネットの普及が進み、国境を越えて多様な情報が交換されるとともに、一国においてもその国の言語に基づく新たな言論空間という公共領域が拡大していた時代だ。

そしてインドネシアの民主化により、国家の規制・検閲を恐れることなく、自由にイスラームについて論じることが可能となり、多種多様な意見が大量に飛び交った。その中でファッハリーはアル・ムハジロン思想普及のために、内外のイスラーム討論グループをつなぐ役割を果たしたのである。

ここで言語の問題に注目したい。インターネットでのイスラーム思想に関する情報交換が、アラビア語ではなく、主に英語を通じて行われていたという点だ。この二〇年間でインドネシアにおける学歴社会の進行とともに青年層の英語力は大きく向上した。これにともない、英語の電子情報が、彼らにとってグッと身近なものとなった。

従来イスラーム神学の解釈にはアラビア語の知識が不可欠だった。アラビア語とイスラーム神学を専門的に学んだ者以外が、イスラーム教義を解釈し、自分の意見を述べることは困難であり、一般のインドネシア青年が踏み込めるものではなかった。ところがインドネシア社会の高学歴化、英語の普及によって、一部宗教指導者のみならず普通の青年が自分で情報を集めて、自分なりのイスラーム理解を語りうる状況が現出した。さらにいうなら英語の普及と言論の自由化は、過激なイスラーム解釈がこの国に流通する素地を作っているともいえる。

やがてファッハリーは、インターネットのみならず活字メディアによる言論活動に取り組み始め、二〇〇七年に「アル・ムハジルン」誌を創刊した。同誌第二号は、ISの先駆けをなす、イラクでの「イスラーム国家」樹立の動きをいち早く紹介している。この雑誌によって、彼はさらに広く過激イスラーム主義者たちとの人的ネットワークを拡げていった。

インターネットを舞台に拡がった、「イスラーム国家樹立のためなら暴力行使を是認する」コミュニティー。このなかから中東に台頭したISの主張に共鳴し、イラクやシリアの戦闘に参加する者たちが現れてくる。ソーシャル・メディアでIS参加を呼び掛けたインドネシア人バールム・シャーがその典型例だ。ファッハリーやバールムにとって、「アラブの春」以降激化したシリア内戦は、世界の終末、そしてその後起きるはずの救世主出現を予兆する現象と映った。

二〇一三年初めに、こうした確信に基づいて、彼らは新たに「イスラーム法活動家フォーラム」（FAKSI）を結成し、ファッハリーが代表、バールムが副代表・事務局長に就任した。FAKSIの活動目的は、インドネシア社会にカリフ制に基づくイスラーム国家樹立の重要性を説くことである。これを実現するための手段が、「アル・ムスタクバル」（Al-Mustaqbal）という新サイトとモスクで行われる公開討論集会である。

フォーラム結成一年後の一四年五月、バールムは仲間とともにシリアに向かった。彼らは、インドネシア・マレーシア人部隊「カティィバ・ヌサンタラ」を結成し、バールム・シャーを司令官とあおいで中東での戦いに加わった。一五年末時点でバリ爆弾テロ事件死刑囚の息子を含む五四人のインドネシア人青年が、すでにシリア、イラクの戦闘で戦死したとの情報が流れている。

理系エリートが関与した狂信的テロ

そして「紛争政治分析研究所」報告によれば、二〇一五年五月ごろISに参加したインドネシア人グループのあいだで仲間割れが生じ、バールム・シャーの指導に反発したアブ・ジャンダルがカティィバ・ヌサンタラ部隊を脱退し、新たに「カティィバ・マシャアリク」を組織した。アブ・

ジャンダルは、アマン・アブドゥルラフマンと近く、そのためカティバ・マシャアリクはアマンが指導するジェマ・アンサール・ハリーファ（JAK）と連携関係にある。とはいえジャカルタの連続爆弾テロ事件は、捜査の現時点ではJAKの単独犯行で、カティバ・マシャアリクは直接の関与はしていないと見られている。

しかしアブ・ジャンダルと反目するバールム・シャーは、JAKがジャカルタ・テロで「実績をあげた」ことに焦燥感をつのらせ、自身の影響下にあるインドネシア国内ISシンパに、しきりにJAK以上の規模のテロ攻撃決行を使嗾しているという。

バールム・シャーとアブ・ジャンダルの反目を横目で見ながら、影響力拡大を図っているのが、今回のジャカルタ・テロ事件で当初首謀者とされたバフルン・ナイムである。第三の男として、彼は得意のソーシャル・メディアを通じて行ったプロパガンダとネットワークによって、インドネシア国内のISシンパにテロを実行するための資金と情報を提供しており、二〇一五年末に彼とつながってテロを計画した小グループが警察当局によって摘発された。この時にはテロは未然に防がれたのである。

ところでバフルン・ナイムの人物像は、過激思想に染まってしまったインドネシア青年の一つのタイプを示しているようでもある。

インドネシアの有力英字紙「ジャカルタ・ポスト」によれば、彼は名門国立大学スベラス・マレット大学で数学と自然科学を専攻、コンピューター技術への関心が深く、コンピューター研究学生会の会長をつとめた。

卒業後は、ソロでインターネットカフェを経営していたが、二〇〇八年から一〇年までのあいだ、バフルンは過激思想家アマン・アブドゥルラフマンが主宰したバンドンの礼拝グループに参加し、そこで思想的影響を受けたとみられる。

バフルンは二〇一〇年一一月に、アマンが資金提供した過激組織軍事訓練に関わり銃弾を不法所持したとして逮捕され、一二年六月出所後、一四年にISへの忠誠を誓いシリアに渡った。その後のインドネシアで計画され失敗した様々なテロに、バフルンが関与していると、当局は見ている。

貧困や差別がテロの温床という言説を、欧州のISがらみのテロ事件ではよく聞くが、バフルンの略歴や彼の写真を見る限り、貧しさへの怒りが彼をテロに追いやったという印象はない。経済的に力をつけている新興国インドネシアを支えている中間層の、真面目そうなインテリ青年という感じである。本書校正作業中の二〇一六年七月一日にバングラデシュで発生し、邦人七名が犠牲となったダッカ・テロ事件でも、実行犯七名の中には海外留学も経験した裕福な家庭出身の青年が含まれていた。

つけ加えると、米国同時多発テロ事件や日本のオウム真理教事件を含め過去のテロ事例でも見られた、合理的、科学的思考が身についていると目される科学者、医師などの理工系エリートの卵が非合理きわまる狂信的テロに関与したという逆説が、このバフルンのケースにもあてはまる。

インターネット普及・英語力の向上・民主化の進展が、過激思想のインドネシア浸透を生む背景のひとつとしてある。インターネットによって欧州で形成された過激思想が国境を越えて持ちこまれ、英語力を身につけたイスラーム知識人によってインドネシア語に翻訳され、民主化によって保障された自由な言論空間において公然と語られる。まさにグローバリゼーションの特性を成す、情報コミュニケーションの発達と英語の普及という要因が、ＩＳ思想の増殖を加速させているのだ。

沈潜する「イスラーム国家樹立」の衝動

ここからはインドネシア史の視点からＩＳ問題を考えてみたい。極めて少数とはいえＩＳに共鳴する層が、インドネシアにおいて確実に存在し、この先も存在し続けるであろうと思われる。根絶するのは難しいと言わざるをえない。

なぜ根絶が難しいかといえば、ＩＳのプロパガンダは、警察や軍という物理的暴力では除去できない、思想に関わる領域に属し、さらにそれはインドネシアという国家の根源に関わる理念や価値体系に対抗する、「もう一つの国家設計」案という性格を孕んでいるからである。国際社会からは奇怪至極に見えても、インドネシアの一部イスラーム教徒が、ＩＳにソフトパワー（強制によらず魅力によって共感、支持を得る力）を感じるのはなぜか。

これを理解するには、この国の独立史を振り返る必要がある。数百年に及んだ西洋による植民地支配時代、イスラームは西洋への抵抗、独立闘争のためのエネルギー源の一つであり続けてきた。

「はじめに」で述べた通り、一九世紀前半スマトラ島で戦われた、反植民地闘争とイスラーム宗教改革が融合した「パドゥリ戦争」は、独立闘争の先駆け、とインドネシア史では位置付けられている。

同じ一九世紀、西部ジャワのバンテン地方では、七回にわたってイスラーム指導者によるオランダへの反乱が発生している。こうした反乱には、ISの思想とも通じる「救世主待望、聖戦思想、攘夷思想」などが、その背景にあったと言われている。

二〇世紀に入り、独立後の国家枠組みについて独立指導者たちが議論を始めた時、将来の独立後の国家像に関しては、①エスニシティー（民族）に基づく国民国家、②多民族を包含する領域ナショナリズム、③宗教に基盤を置くイスラーム国家、という三つの可能性が語られた。

結局、領域ナショナリズムによるインドネシア国家が選択されたのだが、独立闘争において大きな貢献をなしたイスラーム層の中にはイスラーム国家が樹立されなかったことに不満を抱くグループも残った。

このような不満が独立後、地方において噴出し、一九四八年から六二年まで西部ジャワで、四九年から六五年まで南スラウェシで、五三年から六二年までアチェで、「イスラーム国家」の樹立を求める反乱が続発した。これらの動きは「ダルル・イスラーム（イスラームの家）」と呼ばれる。ダルル・イスラームは中央政府によって鎮圧されたが、その後もイスラーム法に基づくイスラーム国家の樹立を求める声が、合法、非合法両面において間欠泉的に噴き出している。

二〇〇〇年代インドネシアで多くのテロをくり返してきた「ジェマ・イスラミア」も、そうしたイスラーム国家樹立願望を抱いた組織の一つだ。米国同時多発テロ事件を惹き起した国際テロ組織「アルカーイダ」とネットワークがあったジェマ・イスラミアを一九九三年に創設したのが、アブ・バカル・バアシルである。

彼は、ジェマ・イスラミアに関わったとして国家反逆罪の疑いで逮捕され、裁判にかけられたが、二〇〇六年に最高裁で無罪判決を受け釈放された。その後一〇年八月に「アチェの武装集団」の軍事訓練実施に関与したとして再び逮捕され、テロ教唆の罪で今度は禁錮一五年の判決を受けて現在服役中の身である。

バアシルは獄中にあっても、〇八年に自ら設立した公然組織「ジャマ・アンシャルット・タウヒッド」（JAT）を通じてインターネットで青年層へ影響力を行使しており、国際的に物議をかもしている。

そのバアシルが二〇一四年七月に、カリフ制国家を宣言したISに対して、忠誠を誓うと表明したことが波紋を生んだ。バアシルがISへの服従に賛成できないものはJATを去るべきであると主張したところ、一四年八月JATから大量の脱退者が出た。彼ら脱退組は、あらたに「ジヤマー・アンシャルシ・シャリア」と称する新組織を立ち上げたのである。

彼ら反IS派は、IS最高指導者アブ・バクル・アル・バグダディを、「欧米や世俗主義勢力からの攻撃にさらされている同胞を救い出す力を持ちあわせておらず、ただ扇動的なだけ」と批判し、さらにバグダディがカリフを称していることに対して、正統なイスラーム法の手続きを経ていないと嫌疑の目を向ける。反IS派が拠る「インドネシア・ムジャヒディン・カウンシル（MMI）」は、ISについて、イスラームを破壊するためのシーア派とユダヤ人の陰謀であるとさえ述べて激しく非難している。

影響力を強めた過激思想家

ジャカルタのテロ事件で過激思想イデオローグとして存在感が際立ったのが、現在ヌサカンバンガン島刑務所に収監中のアマン・アブドゥルラフマンである。犯行グループに決起を促した思想的キーパーソンが彼といわれている。

テロ発生の数日前に獄中から彼は、携帯アプリを通じて「ISの戦闘に加われ！　もし渡航できないならば、いずこの地にあっても不屈のジハードを決行せよ」というメッセージを発し、国内のISシンパのあいだでこのメッセージが出回った。

インドネシアの過激思想家としては前述の過激組織ジェマ・イスラミア指導者アブ・バカル・バアシルが知られるが、テロリストの世代交代が進み、アルカーイダ系組織の弱体化、ISシンパの増大という現象がみられるなかで、ＩＳとつながるアマンの影響力は、最近ではバアシル以上であるとみられる。

「ジャカルタ・ポスト」紙によれば、アマンは一九七二年一月西ジャワ州スメダンで生まれ、イスラーム寄宿舎に学び、ジャカルタのインドネシア・イスラーム・アラブ単科大学で学士号を取得した。卒業後は同大学などで講師をつとめていたが、二〇〇〇年のはじめに危険思想を教えたとして解雇された。二〇〇四年にテロを計画したとして逮捕され、〇五年から〇六年にかけて同じ刑務所に収監されていたバアシルと知りあい、彼らは共同歩調をとることになる。〇八年に刑期が短縮され出所したアマンは、すぐにバアシルとともに、アチェでの軍事訓練キャンプ設立に出資し、数々の国内過激グループを糾合することに成功している。

しかし一〇年二月に同キャンプを治安当局が急襲し彼らの企ては失敗し、逮捕されたアマンは、中部ジャワのヌサカンバンガン島刑務所で服役中の身だ。

服役中にもかかわらず、彼はインドネシア国内の過激分子に大きな影響を与えた。一四年に（ＩＳと対立関係にあるアルカーイダと関係が深いはずの）バアシルがＩＳへ忠誠を誓ったのも、アマンの働きかけがあったからと言われている（なおバアシルの裁判闘争をめぐる方針の相違から二人のあいだで対立が生じているという情報もある）。

さらに、中部スラウェシのテロ組織「東インドネシアのムジャヒディン（ＭＩＴ）」指導者サントソ（二〇一六年七月一八日、治安部隊により射殺された）や、シリアでＩＳインドネシア部隊を指揮するバールム・シャーとアブ・ジャンダル、バフルン・ナイム、と主だったインドネシア過激組織リーダーのいずれもがアマンの影響を受けている。

アマンの過激な主張の中核にあるのは、「タクフィール」という概念（takfir、不信心者とみなすこと）である。イスラーム教徒であっても、イスラームの道を外れ大罪を犯した者は「不信心者（カーフィル）」と宣告され、処刑されねばならないという考え方だ。「不信心者」と判断する要件は何か、それを誰が判断するか等々中東イスラーム世界の中でも議論があるが、この概念に基づくと、イスラーム教徒が同じイスラーム教徒を攻撃することも正当化されてしまうので、かなりの危険思想とみなされる。「タクフィール」を説いたエジプトの「イスラーム原理主義思想の父」と呼ばれる思想家サイイド・クトゥブは、思想が危険であるからという理由だけで、テロに直接関与したわけでもないのに、処刑されてしまったほどだ。

国家テロ対策庁元幹部は、ジャカルタ・ポスト紙のインタビューで、「アマンの説くタクフィールが、ＩＳシンパたちの大義となっている。過激分子は、アマンの雄弁、深い宗教知識、流暢なアラビア語に深く傾倒している」と語っている。インドネシアのイスラーム教徒のなかに潜在的にある「本家本元」の中東イスラームへのコンプレックスが、アマンの主張が拡がる土壌を形成しているようにも思える。

中東においてＩＳとアルカーイダは、イスラーム革命の戦略、戦術をめぐって路線対立しており、この対立に加えて、インドネシア人過激組織指導者のあいだで不和が生じ、強力なリーダー不在の状態になっている。

とはいえ、リーダー不在が思想の穏健化をもたらすかといえば逆で、より過激な方向に向かう可能性も否めない。統率が取れない状態で、イスラーム主義の正統を競いあう状況は、二〇一六年一月のジャカルタ爆弾テロ事件に見られる通りだ。

ISに抗するイスラーム穏健派

ＩＳ問題は、インドネシアという国家の根幹そのものに関わる問題であるがゆえに、この国のイスラーム知識人たちも、極めて真剣に受けとめている。自らの体内に潜む「イスラーム国家樹立」への衝動をどう乗り越えていくか。彼らは自らに問いかけ、同胞たちに語りかけているのである。

たとえば国立イスラーム大学ジャカルタ校のアジュマルディ・アズラ元学長は、この国の穏健派イスラームを代表する知識人であるが、この国を代表するインドネシア語の日刊紙「コンパス」（二〇一四年八月五日）にＩＳのカリフ制復活論を批判する寄稿を寄せている。

彼によれば、ＩＳは、世界のイスラーム教徒を糾合し多数派を形成しようという生臭い政治的意図を持っている一方、思想的に見た場合、「超純正主義（ultra-puritan）」「ユートピア主義」的性格を帯びている。

現実への幻滅感が深ければ深いほど、ユートピアへの希求も高まる。ＩＳを、「世直し運動」

と捉える若者がインドネシアに現れるのは、一見発展への道を歩んでいる社会の内部に歪みが蓄積されつつあることの反映であるかもしれない。しかし、それは幻想のユートピアに過ぎず、ISが叫ぶ「イスラーム法に基づくイスラーム統一国家樹立」は実現性に欠ける「空虚な夢」である、とアズラ氏は断じる。

ところで前述のシリアに渡ったIS活動家、バールム・シャーが卒業したのは、国立イスラーム大学ジャカルタ校である。また、バールムが去った翌月、インドネシア国立イスラーム大学ジャカルタ校を会場に、FAKSIは、六〇〇人の青年を集め、ISへの服従を誓うセレモニーを実現させたという情報もある。（「ジャカルタ・ポスト」紙　ロビ・スガラ寄稿、二〇一四年一〇月二二日）。こう書くと、同校が過激イスラーム主義の温床になっているような印象を与えてしまうかもしれない。しかし実際の同校はアズラ元学長に代表される通り、イスラーム教義のなかにリベラルな価値観を見出そうとする穏健イスラーム派の学術・思想拠点となっていることを付言しておきたい。

別のイスラーム穏健知識人の声をとりあげよう。「ジャカルタ・ポスト」紙（二〇一四年九月九日）で、国立イスラーム大学バンドン校のヌルロハマン・シャリフ講師が、「イスラーム法に基づくイスラーム国家樹立」について、ISとは異なるイスラーム神学解釈がありうるとして、以下のような趣旨の議論を展開している。

コーランは、宗教的道徳を啓示する書であり、俗世の法律書ではない。コーランはイスラーム法の最も重要な典拠であるが、コーラン以外にもイスラーム法の典拠は存在する。さらに、平等と公正の原則に基づき良識によって支えられた良き伝統、それぞれの地での智識、民衆の意見等によって、イスラーム法は形成されてきたのである。

したがってイスラーム法そのものが学派的にも方法論的にも多様なのである。このようなイスラーム法発展史と照らしあわすと、ISの「絶対的な権力者（カリフ）によって絶対、唯一の掟に基づいた単一国家建設」という主張は、ヌルロハマン氏からすればイスラーム本来の教えを歪めるものとなる。

再度強調しておきたい。インドネシアの今を生きるイスラーム教徒の大半は、ISに強い拒否反応を示しておりISを支持する声は拡がっていない。その残忍な暴力性に憤りを感じているのが、ほとんどの声だ。政府がISに断固たる措置をとることにも賛成の意見が強い。「コンパス」紙が二〇一五年三月に五〇〇人の市民に行った世論調査では、政府が過激思想を広めるウェブサイトをブロックすることに八九％が賛成し、IS参加ツアーを企画した旅行代理店の営業取り消しに八五％が賛成している。過激思想の拡散を防ぐ方策として「民族性に合った宗教教育を」という回答が五一％、「政府の断固たる措置」を求める声が二三％あった。「何が過激思想の原因となっているのか」という質問に、三〇％が「正しい宗教理解の欠如」をあげている。

そんなインドネシアのイスラーム教徒に向かって、「一神教（イスラームやキリスト教）は暴力的、非寛容」と決めつけ、「絶対の神しか信じない一神教（イスラーム）と比べて、多様な神の存在を認める多神教（＝日本）は平和的、寛容」という議論を述べたら、彼らはどう感じるだろう。

時折日本人のなかで語られる「一神教＝非寛容、多神教＝寛容」という議論は、日本国内向けの、自己満足的な言辞であると思う。現在世界が抱えている問題を克服するのに、この議論から、どのような具体的な解決策が出てくるのだろうか。

「一神教であるがゆえにイスラームは非寛容」というなら、世界中のイスラーム教徒は自ら寛容たろうとするならば、一神教であることを棄てざるをえなくなってしまう。しかし現実としてそれはありえない。イスラームの最も根本の教えは、「神以外に神なし」という信仰告白であるのだから。

2　ISの呪縛から逃れるために

どうやってテロを防ぐか？

数百人のインドネシア国民がＩＳの戦闘に参加している事実は、この国の中長期的な安定に暗い影を落とす。一九八〇年代のアフガニスタン戦争では、少なからぬインドネシア市民が、アフガニスタンに侵攻したソ連との戦いに加わった。ここで戦闘技術を学んで帰国した者たちがジェマ・イスラミアを結成し、バリ爆弾事件のような大規模テロを繰り返した事態は、まだ記憶に新しい。

前掲シドニー・ジョーンズ氏によれば、アフガニスタン戦争では盛時でもインドネシアからの戦闘参加者は三〇〇人を上回ることはなかった。それが、今回のＩＳのケースでは既に五〇〇〜七〇〇人を超える青年たちが、シリアやイラクに渡って、その一部が市街戦の戦い方、爆弾の製造方法などを実戦のなかで吸収しようとしているという。もし彼らがインドネシアに帰国し、暴力的な手段によって「イスラーム国家」樹立を目指したら、インドネシアの治安はどうなるのか。

さらなる懸念材料が存在する。前述ジェマ・イスラミアが惹き起したテロ事件で逮捕・収監された受刑者たちは八〇〇人を超えるといわれている。逮捕時に殺害されるか、死刑判決を受けた首謀者を除いて、受刑者の多くが一〇年程度の懲役刑に服しているが、二〇一四年から刑期を終えた受刑者が社会に戻りつつある。そこで再び彼らがテロに奔る危険性が、テロ対策専門家たちのあいだで語られているのである。

二〇一六年のジャカルタ爆弾テロはまさしく、中東に渡ったＩＳシンパの対東南アジア工作と、改心していないテロ犯罪受刑者の社会復帰・過激集団への再関与という二つの懸念が現実のものとなった事件であった。

ふり返ってみるとインドネシアは、二〇〇一年米国同時多発テロ事件以降、国際的なイスラーム主義組織がひき起したテロに平和と安定を根底から脅かされてきた国だ。東南アジアを拠点とする国際テロ組織ジェマ・イスラミアが関与した、この国での大規模テロをあげると以下の通りとなる。

二〇〇二年一〇月一二日　バリ島爆弾テロ（バリ）　死者二〇二人
二〇〇三年八月五日　ＪＷマリオットホテル爆弾テロ（ジャカルタ）　死者一二人
二〇〇四年九月九日　オーストラリア大使館前爆弾テロ（ジャカルタ）　死者九人
二〇〇五年一〇月一日　バリ島爆弾テロ（バリ）　死者二三人
二〇〇九年七月一七日　米国系ホテル爆弾テロ（ジャカルタ）　死者一一人

〇六年以降大規模テロは目立って減り、〇九年を最後に、その後は大規模なテロは起きていなかった。しかし二〇一六年ジャカルタ・タムリン通りのテロ事件は、再びテロの脅威がインドネシア社会に高まっていることを感じさせるものだった。

こうしたショッキングな出来事が起きると、当局のテロ対策に対する批判が高まるが、すべての取り組みが無駄であったわけではない。二〇一〇年から一五年までのテロ空白期間は、国際社会と連携したインドネシア政府のテロへの取り組みが、一定の成果をあげていたことをも示しているのではないだろうか。

もちろんその取り組みは完璧ではなかったし、二〇一六年のISシンパによるテロ再発を抑えられなかったのは事実であるが、これまでのインドネシアのアプローチから世界が学べることもあるように思える。

テロ対策は、がんとの戦いのようなものだ。がん細胞の摘出という外科的手術とがんになりにくい体質改善の両方が必要なのである。実際インドネシアでは、両方のアプローチが試みられている。

ここで、テロを抑え込むことに成果をあげたとされているユドヨノ前政権のハードとソフトをとりまぜたテロ対策をふりかえってみたい。

硬軟とりまぜたテロ対策

まずハード面から。テロ対策は実はユドヨノ政権誕生以前において、その土台が整備されていた。二〇〇二年一〇月一二日バリ島爆弾テロ事件の一週間後にあたる同月一九日「テロ犯罪撲滅に関する法律に代わる政令」が制定・施行され、〇三年三月には法律化している。同法成立後インドネシア国家警察は米国とオーストラリアの支援を得て、対テロ特殊部隊（デンスス88）を〇三年六月に創設した。

ユドヨノ大統領はデンスス88を使って、本格的なテロの取り締まりに乗り出していった。特殊部隊によるテロ組織拠点急襲作戦は、司令塔をつぶすことによって組織の弱体化に成果をあげた。

こうしたハード・アプローチは、たしかにジェマ・イスラミアに打撃を与える特効薬であった。新たに警察は、ISシンパの取り締まりにも乗り出しており、一五年三月から四月にかけてジャカルタ及びその近郊で五人を、東ジャワ州マランで四人を、ISへの参加募集や渡航支援に関わったとしてテロ資金規制法を適用して逮捕した。中部スラウェシ州パリギ・モトンではデンスス88が銃撃戦の末、同州を根城にする過激組織「東インドネシアのムジャヒディン（MIT）」の構成員と見られる男を射殺した。男は手製の爆弾を所持していたとみられる。

二〇一五年暮れにもデンスス88は、年末年始に爆弾テロを計画していたとして六人を逮捕した。押収物のなかには自爆テロ用の軽トラックやIS旗なども含まれていた。

それゆえにハード・アプローチはテロを抑え込む緊急対応としては一定の有効性もあったといえようが、過激組織メンバー検挙の結果、多数のテロリストが刑務所で服役することになった。

ここで重要になってくるのが、受刑者に再びテロを繰り返させないようにするために、過激なイスラーム主義思想を除去し、受刑者を悔悛させ、寛容なイスラーム理解を彼らの精神の中に移植することである。「脱過激化」プログラムと呼ばれるソフト面のテロ対策は、受刑者が再び人間的な精神の温かみを回復させるための支援や、困窮化し社会から白眼視される家族への支援などが、柱となっている。

表1

必要なプログラム	プログラムの対象となる行為、状況	目　的	達成目標
①過激化予防	過激思想の浸透リスク拡大	テロ予防	テロの探知と抑制
②過激化への対応	過激思想に基づく暴力拡大、テロリズムの発生	テロ軽減、抑止	テロへの非関与、社会統合、更生
③脱過激化	テロリズム、反乱	テロリストの更生	テロ停止

(http://www.mei.edu/sites/default/files/Clutterbuck.pdf)

さらにいえば、テロの脅威は根絶したわけではなく、今もイスラーム過激思想のシンパは広大なインドネシアのどこかに潜んでいるといわれている。治安当局による監視も監視対象人数が限られている限りは有効だが、対象が一定数をこえてしまうと、取りこぼしが出るのも容易に想像できる。そこでインドネシア社会に過激思想が拡がりテロリスト予備軍が拡大するのを防ぐためには、過激思想になびく心の問題を扱うソフト・アプローチが重要となるのだ。

英国の対テロ治安当局出身研究者リンゼー・クラッターバックは、「脱過激化プログラムとテロリズムへの対応」という論文で、こうした過激思想を抑止するために必要とされるソフト・アプローチについて、①過激化予防、②過激化への対応、③脱過激化といった三つの段階に基づいて分類している(表1)。

①〜③はサイクルのような関係で、③テロ発生後の脱過激化プログラムは、将来の過激化への予防とも重なる。同時多

発テロが発生したフランスは②の段階にあり、以前に連続テロを経験したインドネシアは現在、③及び①の段階にある。

そして、近年世界のテロ対策関係者が注目し始めているのが、インドネシアの③脱過激化プログラムである。

クラッターバックの定義では、「過激化」とは、「ある個人もしくは集団が、特定の環境のもとに、一定の時間を経て、暴力的な過激行為、テロリズムに関与する危険性をもった思考を形成するプロセス」を指す。

これから派生する用語として「脱過激化（Deradicalizaion）」とは、「過激化プロセスを減速させ、反転させることによって、社会がテロに遭う潜在的リスクを軽減させる方法、技術」を意味する。「脱過激化プログラム」とは、一度は過激思想に身を委ねたテロリストを、過激思想の呪縛から解き放ち、再びテロリズムに奔らないよう、テロリスト本人や家族に対して精神的・経済的・社会的に支援を行うプログラムである。

インドネシアには、ジェマ・イスラミアのテロに関連したとして、数百名規模の受刑者が各地刑務所に収監されており、前述の通り彼らのなかには刑期を終えて出所したものが出始めており、今後出所を予定されている者もいる。

そんな受刑者に対し、出所後、再びテロに手を染めないようにするために、彼らをイスラーム過激思想の影響から引き離し更生させる脱過激化プログラムが、国家テロ対策庁によって行われている。近くテロ事件関係者が刑期終了し出獄するなか、インドネシア刑務所で実施されている「脱過激化」プログラムがどれくらい効果をあげているのか、社会的注目が集まりつつある。

また、このプログラムの成否に関する研究も、インドネシアのみならず米国や豪州の心理学者、社会学者等々も加わった国際的な研究者の手によって行われており、研究結果が公表され始めている。

「脱過激化」のイスラーム神学

「脱過激化」プログラムの実際は、どのようなものか。

ブラウィジャヤ大学の研究者ミルダ・イスティコマによれば、インドネシア司法省が管轄している四〇〇ある刑務所のなかで過激イスラーム主義者を収容する特別な体制が組まれているのは二〇の刑務所である。そのうちの二つ、スラバヤとマラン刑務所では「更生」と呼ばれる「脱過激化」プログラムが実行されてきた。

このプログラムが目指すのは、受刑者に罪を自覚させ、有益で活動的な社会人に生まれ変わらせることだ。「脱過激化」プログラムが採用している手法は、①看守が受刑者個人との信頼関係を築き、彼らの人間性を回復させるアプローチ、②受刑者に対して宗教的、心理的カウンセリングを施すプログラム、③社会復帰に向けて有益な技術を受刑者が学ぶ職業訓練の三つである。

しかしながらミルダは、刑務所の看守等専門人材の不足、劣悪な施設設備等ゆえに「脱過激化」プログラムは必ずしも当初期待していた成果を挙げていないと報告している。

他方、ガジャマダ大学教員アリ・アミン、イスラーム国立大学ジョグジャカルタ校教員イナヤー・ロマニヤーらの共同執筆「アチェのテロリスト『脱過激』化の教訓から」は、「脱過激化」プログラムのなかで効果が挙がったもの、挙がらなかったものについて、実態を精査している。

これによれば、イスラーム過激思想に染まった受刑者たちは刑務所が準備した「再教育」プログラムを受け入れようとせず、大半のケースでは「脱過激化」は失敗に帰している。しかし彼らの世界観、イスラーム神学解釈を大きく変えようとするのではなく、一部修正させるだけでも、彼らがテロに奔る危険性をかなり軽減できるというのである。


この手法について説明しておこう。「イスラーム国家」樹立を求める思想の源流にあるのは、「サラフィー主義」というイスラーム教スンナ派の一流派である。現世はイスラーム本来のあるべき姿から逸脱しているから、イスラームの原点に回帰して厳格にイスラーム法を守るべき、とする。これを現代において実現するためには性急な武力の行使（ジハード）を辞さないというのが、ＩＳ支持者の立場である。

その一方で同じ原点回帰でも「ジハード」とは別の処し方として、イスラームの教えを逸脱した現世から避難し、安全な場所で信心深い者たちで信仰共同体を守る「ヒジュラ」という概念がある。

預言者ムハンマドが敵対者の迫害を逃れて故郷メッカを離れ他の都市へ移住した故事を指し、「聖遷」とも訳される。攻撃的な「ジハード」と比べ、「ヒジュラ」は防御的、非暴力的である。アリ・アミンらの共同論文は、リベラルなイスラーム神学者よりも「サラフィー主義」神学者が「ヒジュラ」を説く方が受刑者の宗教心に響き、暴力を抑止する効果がある、というのである。また一方的な講義よりも、受刑者同士が討議を重ねて「ヒジュラ」の生き方を納得する方が効果は高い、という。

同論文の主張から類推するなら、おそらく宗教界で権威あるイスラーム指導者の訓話よりも、かつてイスラーム過激思想に染まりそこから脱退した元テロリストの体験談の方が、受刑者の「脱過激」化に効果的なのかもしれない。

ジェマ・イスラミア幹部であったナシル・アッバースも、そうした「脱過激化」を説く元テロリストだ。彼は二〇〇三年四月にジャカルタ近郊に潜伏中に逮捕され、実刑判決を受け服役後、転向して現在はテロ撲滅運動に取り組んでいる。爆弾テロ事件から一〇年後のバリに彼の姿があった。中学生たちに、テロ思想に染まらない為の心の予防を呼びかけていたのである。以下は、「ジャカルタ・ポスト」紙に掲載されていた彼の中学生に向けて語りかけた言葉。

言われたことをそのまま信じてはだめだ。全ての声明、情報を注意深く吟味しなさい。たとえ自分たちの先生や尊敬する大人であっても憎しみをかきたてる言論にであったら、疑ってかかりなさい。

ナシル・アッバースは、テロリストを逮捕・殺害するだけで問題は解決できず、根本においては思想的にテロのイデオロギーに打ち勝つことが必要と考え、二〇〇七年には『爆弾テロ首謀者イマム・サムドラとノルディン・トップの思想と対決して』という本を出版している。テロを撲滅するには、警察や軍事力だけでは不十分で、思想面・神学面での対応が必要としている点や、具体的なコーランのテキストをあげて扇動者たちがいかに歪んだ聖典解釈をしてきたかを例証している点など興味深い。同書での彼の主張については、第三章であらためて記述したい。

テロ抑止は可能か？

インドネシア大学の心理学者ゾラ・スカブディも、元テロリストの宗教観を変えることは難しくとも、彼らにテロを断念させることは可能であるとしている。スカブディは、インドネシア政府が実施している「脱過激化プログラム」について、刑務所に収監されている四三人の元テロリストたちにインタビューを通して、幾つかの重要なポイントについて調査を行い、その結果として、受刑者たちの更生は可能であること、改善を要する事項があることなどをまとめている。元テロリストたちの肉声が引用されている点が大変興味深い。

宗教意識（イスラームへの帰依）に根ざしてテロを実行した者たちの宗教観や世界観を、脱過激化プログラムによって変えさせることは、容易ではない。ここまでは予想した通りだ。しかしテロリストたちの肉声で興味深かったのは、彼らの世界観を変えることはできなくても、行動を変えることはできるという点だ。彼らの声を聞いてみよう。

「仲間たちは実際大きく変わった。我々全員、考えを改めた。でもそれは国家テロ対策庁の手柄ではない、社会の現実に我々が気づいたからだ」

「ジハード精神を棄てることは難しい。しかし行動を変えることはできる。なぜなら戦闘ジハードよりも経済ジハードの方が重要だからだ。以前は武器をとって戦うことが重要だと思っていた。でも今は経済ジハードのほうが大事だと考えている。こどもやかみさんを食わさないといけないし、いつまでも失業中ではたちいかない。欲しいのは仕事だ。そうすれば、暴力に関わらなくなるよ」

「神への愛、ジハード精神を放棄するのは不可能だ。でも爆弾を破裂させるのをやめることは可能だし、実際そうした」

「インドネシアで戦闘ジハードを敢行するのは有効ではない。インドネシアで効果的なのは宣教（教育）、と考えて、行動を変えた者たちがいる」

あまりに理不尽でショッキングなテロという行為ゆえに、テロリストは粗暴で直情径行な者たち、という人物像を頭に浮かべがちである。しかし過去のテロリストの心理を分析した研究等を見ると、実はテロリストの内面では彼らなりの合理性に基づいて情勢分析、判断がなされていることに気付く。ただしその判断が、閉鎖的な情報空間、心理空間の中で為されていることに問題がある。

スカブディ報告によれば、テロリストの宗教観、世界観を変えようとするのは、困難であり、時に逆効果を招く。しかし宗教観の転換を求めることなく、現実世界の多様な情報に触れさせることを通してテロリストの内側にある合理性に働きかける手法は、テロの脅威を軽減する上で一定の成果が期待できるというのだ。たとえば現在のインドネシアではテロ行為よりも教育や福祉の進展を図ることが、イスラームの理想を実現する近道であることを自覚させる。暴力ではなく別の手段によってその宗教的理想を実現させる道もあると気付かせようというのだ。

ちなみに九三％の受刑者たちは、脱過激化プログラム担当者や面接官がどれほど深くイスラーム教を理解しているかを注視しており、その理解が深ければ深いほど、受刑者の信頼を獲得できる可能性も高いという。やはり「イスラーム同胞」の説得の方が、「異教徒」のそれよりも効果的なのである。

スカブディ報告には、もう一つ注目に値するポイントがある。脱過激化プログラム担当者の受刑者に接する態度は、更生の成否のカギを握る重要要因であるということだ。高圧的な態度をとった時はうまくいかず、受刑者一人一人の個性、価値観、資質を尊重し、彼らと丁寧に対話しようという姿勢が重要であるという。以下、受刑者の声。

「もし我々の仲間を変えたいというのなら、誠実さがいかに重要か理解しておかないといけない。(対テロ特殊部隊の)A氏のようにいい人で、誠実に仲間のことを我がことのように考えてくれる人でないと、うまくいくわけがない」

「もし脱過激化プログラムを、担当者の点数稼ぎ、手柄のためにやっているのだと受刑者が感じたら、彼らはそっぽを向くだけだな」

「仲間から聞いた話だ。ある刑務所ではイスラームの偉い先生が招かれて講話をしたのだが、一方的に高説をたれるのみで対話がないので、仲間たちは途中で退席して戻ってこなかったそうだ。自分の意見を聞いてくれない人の意見を聞きたいとは思わない」

これらの発言は、現在の脱過激化プログラムが抱える課題ともつながる。受刑者数と比べて、脱過激化プログラムの担当人員数が足りておらず、そのため受刑者への対応が画一的になって、十分な効果をあげていないというのである。適任な人材、財源の不足は刑務所のずさんな管理を招き、対テロ対策上、深刻な問題をひき起している。このひとつが、収監中のアマン・アブドゥルラフマンが接見やソーシャルメディア等を通じて扇動的メッセージを刑務所内外に発し、ＩＳ

支持者を拡大させているという現実なのである。二〇一六年一月、元受刑者アフィフらによるジャカルタ爆弾テロ事件はこうした欠陥を衝いたものだ。

このように、この国の脱過激化プログラムには問題もまだ多く、改善に向けての取り組みは発展途上である。しかし、プログラム実施を通じて集められたテロリストの発言のなかに、イスラーム過激思想の拡散を防ぐ問題解決の糸口も隠されているように思える。長期的視点から、テロ問題解決におけるソフト・アプローチの重要性を強調したい。

3　テロリストの残影を追って

過激思想に染まる青年たちの内面理解

前掲したゾラ・スカブディ報告によって、テロリストたちの肉声の一部を聞くことができた。それにしても二〇一五年一一月パリ同時多発テロや二〇一六年一月ジャカルタのテロ事件、同年七月ダッカのレストラン襲撃テロ事件のような無差別の殺戮がおきると、あまりに残忍で、非条理な暴力に、言葉を失ってしまう。

テロリストとは一体どのような思考回路のもち主なのだろう。なぜ彼らはテロに奔るのか。世界中でそういう問いかけが行われたことだろう。

そもそも「脱過激化」プログラムの実効性を高めようとするならば、まず暴力的な手段を用いることを厭わないまでに思いつめてしまった人びとの内面を理解し、彼らとの対話を成立させる糸口を見つけなければならない。そうした観点からすると、かつて過激思想に染まったが、そこから脱却した経験のある者たちの意見には耳を傾ける価値がある。

これまで大規模なテロを経験してきたインドネシアでも、テロリストの心の闇に向かって問いかけが行われてきた。

テロリストが思想的転向の結果、「脱過激化」を唱道した代表例がブロガー・著作家のエディ・プライトノだ。エディはスハルト政権時代に、非合法「イスラーム国家」樹立武装闘争に一〇年以上にわたって関与した。今は自らの体験に基づいて、「脱過激化」市民運動を展開している。

エディは、市民組織「脱過激化と知識のためのインドネシア・センター」のウェブサイトにおいて、暴力的なイスラーム国家樹立運動に奔る青年層の心情について、「かつての自分がそうであった」と述べて、なぜ自分が急進的な活動に向かったのか五つの要因をあげている。

① ギャンブル、アルコール、ドラッグなどにおぼれ自堕落な生活を送っていた自分にとって、「良きイスラーム教徒であれ」という青年イスラーム運動の勧誘は、自分を変えるきっか

けになると感じたこと。

② 軍部独裁体制であった世俗主義的スハルト政権が「良きイスラーム教徒」たちを弾圧しているのに危機感を覚えたこと。

③ 「パンチャシラ」(インドネシアの建国五原則。唯一神信仰、人道主義、民族主義、民主主義、社会正義の五つ)に国家を神聖化しているのではないかと懸念を覚え、イスラーム教が固く禁じている偶像崇拝の匂いを感じ取ったこと。

④ 多くの「良きイスラーム教徒」たちが貧困に苦しんでいるのに、貧富格差、権力者の汚職がまかり通っていることに憤りを感じたこと。

⑤ 非合法活動のなかで同志たちは固い友情によって結ばれているという連帯感を感じたこと。

以上かつての「イスラーム国家」主義者だったエディが述べた五つの要因は、今日なぜインドネシアにおいてIS思想になびく青年が現れるのかを考えるヒントを与えてくれる。

今日のインドネシアは、過去のスハルト政権のような非民主国家ではないし、経済成長下にあって中間層の拡大が進行中である。

しかしその一方で、急激な社会変化は、伝統的な地縁・血縁社会を弱体化させ、個人の孤立を生み、競争社会のなかでストレスを抱える青年たちを世に送り出しているのも事実だ。また経済成長は万人共通のものではないがゆえに、成長の波に乗り遅れた人びとに強い不公平感、疎外感をもたらしている。世界が注目する「躍進のインドネシア」の光が強烈であればあるほど、その影も濃い。

こうした社会矛盾を変えなければならないと考える正義感の強い若者は、どこの国にも、どの時代にも存在する。日本でも学生運動が最も盛んだったのは、バブル崩壊後の不況期ではなく高度経済成長期の一九六〇年代だったことを、我々は知っている。彼らの多くがテロに奔ったわけではない。しかし閉鎖的な集団のなかで極度に純化された思想が、一部青年の現実感覚を麻痺させ、彼らを過激化させていったのが、連合赤軍のテロリズムだった。

今日の変貌著しいインドネシアにおいて、欧米主導のグローバリゼーションへの反感、ユートピア願望、終末願望が交錯するなかで、「イスラーム国家」樹立という幻想的なビジョンが、ごく一握りとはいえ青年たちの心を深く、深くとらえているのだろう。

テロ死刑囚の肉声を記録した映画

世界を震撼させた米国同時多発テロ事件から一年が過ぎた二〇〇二年一〇月一二日深夜、インドネシアのバリ島で大規模な爆弾テロ事件が発生し、国際社会を再び恐怖のどん底にたたきこんだ。人気観光スポット、クタの目抜き通りで、自爆バックパッカーの背中と、近くに駐車していた自動車に仕掛けられた二発の爆弾が連続的に炸裂し、付近のバーやディスコを吹き飛ばし、オーストラリア人、日本人など外国人観光客を含む二〇二人が犠牲となった。「地上の楽園」として知られ、島の経済を観光産業に依存していたバリは観光客激減で大打撃を受けた。

バリ島爆弾テロ事件から一〇周年にあたる二〇一二年一月二〇日に、国際交流基金ジャカルタ日本文化センターで、このテロ事件をテーマとするドキュメンタリー映画『監獄と楽園』を撮ったダニエル・ルディ・ハリヤント監督をゲストに迎えて、同映画の上映会＋ディスカッションを開催した。

日本もまたテロと無縁ではない。戦前の右翼テロ、七〇年代の極左テロ、九〇年代のオウム真理教テロ事件が発生し、日本社会のなかからテロリストが現れた。彼らと向きあい、彼らとはいかなる者たちであるのか、なぜテロに奔ったのか、裁判等で明らかにしようとしてきた経験は、テロに悩む今日の国際社会と共有しうる知見であるかもしれない。筆者もコメンテーターとして議論に加わった。日本国民が犠牲になったことからも、日本はこの事件を風化させてはいけないし、教訓を得なければならないと感じたからだ。

映画『監獄と楽園』は、バリ島爆弾事件実行犯とされるイマム・サムドラ、アリ・グフロン、アムロジ、アリ・イムロン、ムバロクら加害者、ムバロクとイスラーム寄宿舎（プサントレン）でルームメートであったインドネシア人ジャーナリスト、加害者と被害者の家族へのインタビューで構成されている。

二〇〇八年にイマム・サムドラ、アリ・グフロン、アムロジの三人は銃殺刑に処されたので、直接彼らの主張を聞く機会は永遠に失われてしまった。その意味から、ダニエルが記録した、牢につながれた彼らの肉声は、テロリストがどのような意図をもってテロを決行したのか、彼らが目指した世界とは何か等々、テロリストの心象風景に迫る貴重な歴史的資料、といえる。

これだけの血を流した事件の首謀者たちの言葉を受けとめ、映像に記録していくということは、鉛の塊を背負ったようなしんどい、魂の耐久性が求められる作業であったろう。また、その加害者と被害者双方の家族たちの嘆きを聴きとることも、重く、つらい時間だったに違いない。ダニエル監督は一九七八年生まれの小柄で普段は温厚な好青年であるが、その内部に強靱な精神を宿している。

『監獄と楽園』は、二〇一一年山形国際ドキュメンタリー映画祭で、日本映画監督協会賞を受賞した話題作であり、他方、インドネシア政府は「インドネシアの対外的イメージを損なう」「テロリストのプロパガンダに使われる」と公開にブレーキをかけようとする、賛否が分かれる問題作でもある。

ダニエル監督に、なぜこの映画を撮ろうと思ったのか聞いてみたところ、以下のような答えが返ってきた。

「冷戦が終了し、共産主義が思想的に破綻した後、イスラームが資本主義の新たな敵とみなされるようになった。イスラームは誤解されていると思う。私達の社会は、そして国際社会は、テロリストたちがいかなる人間であるのか、もっと知る必要がある。

映画を撮ったことで、イデオロギーの呪縛性について深く考えるようになった。熱心なイスラーム信者であった人びとが、イデオロギーによって、過激な行動を起こすテロリストに変わり得るのだということを学んだ」

「守る」ための攻撃

テロリストは、たいそうまじめな人間であった。しかし、悲しく、虚しい。
それが『監獄と楽園』を観た筆者の印象だ。なかでも心に突き刺さったのが、イマム・サムドラの視線である。薄暗い牢の向こう側で炯々と光る眼光は強い意志と鋭敏な知性を感じさせる。粗暴で狂信的というテロリストに関する一般的なイメージとは違った人物だ。

イマム・サムドラの語りを聞いていて、一人のイスラーム主義思想家の姿が脳裏に浮かんできた。サイイド・クトゥブ。「思想が危険」という理由で国家権力によって抹殺されたエジプトの知識人である。エジプトのイスラーム組織、ムスリム同胞団のイデオローグであったサイイド・クトゥブは、国家転覆を企てたという容疑で、ナセル軍事・世俗政権によって起訴され、一九六六年に死刑となった。

しかし死後も、彼の著作は、イスラームの現状を憂慮する青年層に国境を越えて読まれ続け、あのオサマ・ビンラディンや彼の副官アイマン・ザワヒリも深い影響を受けたとされる。それゆえに、欧米思想界ではサイイド・クトゥブは「イスラーム原理主義思想の父」と呼ばれている。

サイイド・クトゥブの思想について詳しくは、拙著『テロと救済の原理主義』（新潮選書、二〇〇七年）をご一読いただきたい。

イマム・サムドラの主張からも、「クトゥブ」思想が色濃く投影されていることが確認できる。イマム・サムドラは言う。

イスラームは現在、欧米や欧米と結託する世俗主義勢力によって攻撃を受けている。イラクやアフガニスタンへの米国の攻撃は、イスラーム全体に対する攻撃だ。我々はインドネシア一国のみならずイスラーム信者全体を守らなければならない責任をおっている。イスラーム全体の一体性を常に念頭において、狭い一国主義ナショナリズムを捨てるべきだ。大事なのは「守り」の概念だ。攻撃こそが最大の守りなのだ。

「自分たちは攻撃されている」と彼は言う。「テロ攻撃する」のは、「攻撃されているからだ」と。何かを「守る」ために自分たちは行動を起こしたのだと。一体、何を彼らは「守ろう」としているのか。

シカゴ大学のマーティン・マーティ教授らが中心となって、原理主義思想の比較研究プロジェクトが一九九〇年代初めに行われた。このプロジェクトは、イスラーム教、キリスト教、ユダヤ教などの一神教のみならず、ヒンドゥー教、仏教、儒教、神道なども取り上げ、見いだされる

「原理主義」の特質を抽出している。シカゴ大学プロジェクトの研究者たちが挙げる「原理主義」のイデオロギー的特質として、まっさきに「近代化による宗教危機に対する反応」をあげている。

つまり原理主義は、世俗化、近代化の進展とそれがもたらす社会変化を宗教の危機と断じ、世俗化、近代化への対抗を試みる思想軸をもっているということだ。近代化、今日の言葉で言えばグローバリゼーションによって、外国の堕落した文化、宗教が流入して、社会は汚れた状態にある。本来あるべき姿に立ち戻るには、「他者」の影響を排除し、純潔性を取り戻すしかない。これが原理主義者の共通する認識である。

「欧米、世俗主義勢力によって、イスラームが攻撃を受けている」「イスラームを守れ」というイマム・サムドラの世界観は、まさにシカゴ大学プロジェクトが抽出した「原理主義思想」の典型であり、今日のISのプロパガンダの核心である。

「イスラームの大義」を語り、自らの行動を正しいと誇り、「自分たちは悪人ではない」、「信仰に基づいてまっすぐに生きたまでだ」、「自分たちは能力があったから、その責任を果たしたに過ぎない」と、胸をはるテロリストたち。「死刑になるのは、神の思し召し。喜びを感じる」と恍惚の笑みさえ浮かべる者もいる。

その言葉は虚しく、滑稽という言葉を用いたくなる。非戦闘員の市民に加えられた無差別の殺戮行為、というおぞましい犯罪の本質から、彼らは断罪されざるをえない。しかし、彼らは自ら犯した罪の重さに苛まれることはないのか。テロリストとの断絶は深く、その裂け目の先に拡が

2002年にバリ島で起きた爆弾テロ事件を追悼するモニュメント

る闇はあまりに濃い。

グラウンド・ゼロの夜

クタの目抜き通りのジャラン・レギャンでも、もっとも賑わうナイトクラブ「スカイガーデン」のすぐ近くにテロ追悼モニュメントが建てられている。地元では米国同時多発テロ現場と同様に「グラウンド・ゼロ」と呼ばれている。

ここでバリ島爆弾テロ事件の本質について考えたいなら、犯行があったのと同じ、夜がふけた時間帯に足を運ぶべきだ。付近にはナイトクラブが集中し、肌を露出した外国人観光客たちと彼ら相手に商売しようとするバリ人がたむろし、享楽的な雰囲気にあふれている。その一帯とは場違いな鎮魂のモニュメントがライトアップされて浮かび上がる姿は異様としか表現しようがない。

六〇年代初頭までは静かな漁村であったクタは、同年代後半から西洋のヒッピー、サーファーたちがやって来るようになり、その後加速度的に近代化し、現在見られるような無国籍な街並みへと変貌を遂げていった。その変化のすさまじさに、生身の身体に突きたてられた刃物のように暴力的なものを感じてしまうのは自分だけだろうか。

テロリストを擁護するつもりはないが、彼らがなぜ何かを「守る」ために行動を起こすべきと考えるに至ったのか、テロの現場にそれを解くカギが転がっているように思えた。

第二章　加速する「イスラーム化」

1　「イスラーム化」とは何か

中流社会化・学歴社会化するインドネシア

第一章ではインドネシアにしのびよるテロリズムの脅威とこれの克服をめざす試みについて触れてきた。ともすればショッキングなテロに目を奪われがちであるが、東南アジアの未来を洞察する上で、より重要で巨大な社会変化である「イスラーム化」現象が、今インドネシアにおいて進行している。

「イスラーム化」の考え方については、「はじめに」に記した通りだが、この「イスラーム化」現象が、急速な経済成長によって今や中流社会、学歴社会の段階を迎えたインドネシアで進行中であることが注目に値する。

まずインドネシアの中流社会化、学歴社会化の歩みと現状を報告しておこう。

第二代大統領スハルトは、初代大統領スカルノが「建国の父」と呼ばれたのに対して「開発の父」と自らを呼ばせた。スハルトは、外交的には反共・西側諸国との関係重視、国内的には反対勢力の徹底した管理とテクノクラートを重視した経済成長戦略を採用し、いわゆる「開発独裁政権」が一九六八年から三〇年にわたってこの国を支配した。

その統治時代においてインドネシア経済は年平均六・七%の高い経済成長を示し、中間層の拡大、識字率の向上、米の自給達成などの開発政策で成果をあげた。しかし同時にその強権的な支配体制は、貧富格差の拡大、軍・警察の人権侵害、言論・表現の統制といった問題を抱え、国際社会の批判にさらされた。さらに政権の末期には、スハルト一族のファミリー・ビジネスという腐敗が目立つようになり、出身母体であり支持基盤であった軍部とも微妙な距離が生まれていた。一九九七年のアジア通貨危機に端を発した国内混乱の結果、盤石と思われたスハルト政権は九八年五月にあえなく崩壊、インドネシア経済はマイナス成長を記録する。

スハルト政権崩壊後、混乱の中でハビビ、ワヒド、メガワティと短命の大統領が、民主化改革と経済立て直しを模索した。スハルト同様に経済政策で実績を残したのが、同じ軍人出身の第六代大統領ユドヨノである。メガワティ大統領時代に四%台まで経済成長を回復させていたインドネシア経済は第六代ユドヨノ大統領の政権に入って、その成長を加速させ、二〇〇五年、〇六年は五%台、〇七年には六・三%の経済成長を記録している。

さらにユドヨノ政権は、二期目の〇九年から一三年まで世界経済の動きにうまく乗り、平均五・八%の安定した経済成長を実現させた。経済成長の果実について、ユドヨノ氏は大統領退任にあたり、一人一日二一〇〇キロカロリー相当の食糧及び生活必需品を手に入れるのに必要な最低限の支出額を示す貧困線以下での生活をする国民が、〇九年には三二〇〇万人いたが、一四年には二八〇〇万人まで減少させたことを大きな成果として誇った。

インドネシア財務省は一人あたり消費月額が三六万ルピア（二〇一六年八月時点で一ルピア＝約〇・〇〇七七円）以下を貧困層と定義し、二〇一〇年において貧困層の占める割合を四三・三％、中間層以上を五六・七％と発表している。この定義にあてはめると、今やインドネシア国民の過半数以上が中間層ということになる。

もっとも中間層の定義には諸説あり、上記財務省集計の根拠となっているアジア開発銀行及び世界銀行の中間層定義「一日一人あたりの消費額が二～二〇米ドルまでの人びと」では大ざっぱすぎるとして、ボストンコンサルティング・グループは、月間世帯支出二〇〇万ルピア以上五〇〇万ルピア未満を「中間層」、五〇〇万ルピア以上を「富裕層」と分類している。同グループは、二〇一二年の中間層・富裕層を三〇％、それ以外を七〇％と報告し、かつ二〇年には中間層・富裕層は五三％まで拡大すると予想している。

これらの統計から見てとれるようにインドネシアの中流社会化は大きな流れとなっている。しかしそれと同時に、数千万単位の貧困層が存在し、貧富格差の拡大は大きな社会矛盾、とインドネシア国民が認識していることも見落とせない。

中流社会化に伴い、この国で起きている大変化、それは就学率の上昇である。世界銀行統計に基づいて、ユドヨノ政権が発足した〇四年と一四年の就学率変化を見てみたい。

初等教育　二〇〇四年　九〇％　→　二〇一四年　九二％

中等教育　二〇〇四年　五五％　↓　二〇一四年　八三％
高等教育　二〇〇四年　一七％　↓　二〇一四年　三二％

植民地時代の教育政策が極めて貧弱であったことから、インドネシア政府は独立以来、初等教育の普及、義務教育化を進めてきた。その成果もあって、初等教育就学率はユドヨノ就任時において既に九〇％と高い水準にあったが、ユドヨノ政権に関して特筆すべきは、中等教育、高等教育就学率の高い伸びで、とりわけ高等教育に関しては、この一〇年間でほぼ倍増している。ちなみに高等教育就学率三二％という数字は、日本でいえば一九七〇年代頃の水準である。いまやインドネシアも、高学歴社会の時代に入りつつある。

従来の近代化論を覆す「イスラーム化」現象

中流社会化、学歴社会化、そして近代化、開発と並行する形で、「イスラーム化」現象が発生していることは、一九九三年に拙著『インドネシア　多民族国家の模索』（岩波新書）において、「近代化が進み、理性で諸事判断する知識人、市民層が拡大しつつあるこの国においても、イスラーム活性化の兆しが見られる」と報告した。八〇年代後半から、バンドン工科大学、ガジャマダ大学、インドネシア大学などの開発エリート養成機関においてイスラームを思想的バックボーンとする学生の活動が目立っていたのである。

現在起きている「イスラーム化」は、以上私が八〇年代末に目撃した知識人予備軍のイスラーム化潮流がさらに広く社会に浸透し、力強いうねりになり、加速化した現象である。そして改めて考えてみると、中流社会化、学歴社会化と同時並行的に、イスラーム化が進行するということは、従来の欧米諸国や日本などの先進国が抱いてきた近代化に関する認識とイスラーム観を覆す現象、といえよう。

欧米の近代化、そしてこれをモデルとする日本の近代化において、一七～八世紀の欧州の啓蒙思想は、近代の源流と位置付けられる。不合理な中世カトリック神学、宗教権威を離れ、理性により世界を把握しようとした思想は、合理主義と科学の隆盛をもたらし、大学は理性に基づき物事を判断する知識人を養成する場であった。啓蒙思想は後の産業革命を用意し、その結果、中世において支配的であった教会の権威は低下し、政教分離、世俗化が進んだ。合理主義が発展し、近代化が進めば、宗教は世俗社会と分離し、その地位は低下すると考えられた。

西洋知識人の目から見れば、イスラーム教は、中東世界の停滞の元凶、保守頑迷、前近代的な盲信と映っていた。裏返せば、社会開発、人材開発を進め、知識人や専門家を養成することで、イスラーム教も西洋カトリック教会同様に影響力を失っていくものと考えられた。

しかし、一九七〇年以降中東、南アジア他、世界各地で発生した宗教の復興現象と連動するように発生したインドネシアのイスラームの活況は、啓蒙思想、近代主義の定説からはずれるものであった。

つまり「イスラーム化」現象は、従来日本社会がイスラームに対して抱いてきたイメージの見直しを迫るものである。「従来のイスラーム・イメージ」とは、「イスラームは資本主義の阻害要因」「イスラームは男尊女卑の思想」「イスラームは一神教であるがゆえに非寛容」等々に集約できよう。

インドネシア社会の「イスラーム化」については、既にインドネシア研究者たちが論じているところである。慶応大学の野中葉氏は、小説、映画、ファッション等でとりあげられたイスラームについて、「イスラーム的価値の大衆化」という見方から焦点をあてている（『消費するインドネシア』慶応義塾大学出版会、『インドネシアのムスリムファッション』福村出版）。また岩手県立大学の見市建氏は、「政治と宗教の市場」という概念に基づいて、グローバルなイスラーム復興潮流のなかで、インドネシアのイスラーム化をめぐるキーワードとして、「標準化」と「商品化」をあげている（『新興大国インドネシアの宗教市場と政治』NTT出版）。

以下では、これら諸説を参照しながら、私の研究対象であり、実践の場でもある国際文化交流論の視点から、二〇一一年から四年半の駐在のなかで観察したインドネシア社会の「イスラーム化」の諸相を素描することによって、イスラームに対するステレオタイプなイメージを見直し、イスラームの多面性を理解するための素材を提供したい。

まずはインドネシアにおいて「イスラームは資本主義の阻害要因なのか」という問いかけから始めたい。

2　イスラームと資本主義の共存

ラマダーン（断食月）の基礎理解

宗教が個々の人間の日常行動に大きな影響を与えるという点において、イスラーム教は日本人に異質感を抱かせやすい宗教である。さらにこの異質感は誤解や不必要な警戒心を生みやすい。日本人が異質感を感じがちなイスラーム教の宗教実践の一つが「断食」である。断食中のイスラーム教徒に接すると、「イスラームは厳格で禁欲的な宗教」という印象が強まる。

ところで「断食」という行いがなかったとしたら、人類の思想はもっと貧相なものだったのではないだろうか。人間が欲望のかたまりであることを、釈迦をはじめ偉大なる宗教の創始者たちは直視し、これを悲しみ、いかに脱却できるかを考え抜いた。その思索において、彼らは「断食」修行に積極的に取り組んだ。

人間の心のなかにある妄執を、自由意思に基づき食を断つという行為によって曝け出し、曝け出すことによってこれをコントロールし除去する、という高度な精神的かつ肉体的鍛錬を、いつの時代から人類は行うようになったのだろう。ユダヤ教、キリスト教、仏教、ヒンドゥー教（バラモン教）等々、様々な宗教の聖典に断食に関する記述がある。

現代において、この「断食」行が最も大規模に営まれるのは、イスラーム教である。毎年断食月の「ラマダーン」期間、世界中のイスラーム教徒一二〜一五億人が一斉にこの行に服する姿は壮観というしかなく、この世界宗教が内包する若々しいエネルギーを実感させられる。しかしくり返すが、「断食」はイスラーム教だけの特別なものではない。日本人に身近な仏教や神道でも古代から盛んに行われてきた修行方法である。イスラームだけ異質視するにあたらない。

イスラーム教徒にとって聖なる月「ラマダーン」は、世界最大のイスラーム人口を抱える国インドネシアで暮らして、あらためてこの宗教とインドネシア社会との緊密な関係性について考えさせられる月である。

まず日本にとってなじみの薄いラマダーンについて、基礎知識をおさえておこう。ラマダーンとは、イスラーム暦において第九番目の月の名前であり、この一カ月の期間、イスラーム教徒には断食が課せられる。この特別な月は、太陰暦のイスラーム暦に基づくため、太陽暦では毎年一〇〜一二日程度ずれる。『イスラーム世界事典』（明石書店）で、イスラーム研究者小杉泰、片倉もとこは以下のように解説している。

イスラーム式の断食は、日の出の約二時間前から日没まで飲食をいっさい断つ。性的交渉も許されないので「斎戒」と訳すこともある。水の一滴も許されない。ただし、夜は飲食・性交いずれもさしつかえない。これを二九日または三〇日続ける。断食の目的は、飢えの苦しみを体験して貧困の苦しみに対する想像力を育成することだという。さらにあらゆる面で信仰行為を強めることが奨励される。

では、インドネシアのイスラーム教徒自身は、ラマダーンの意義をどう捉えているのか。プカロンガン大学のアブドゥラ・アリ講師が「ジャカルタ・ポスト」紙（二〇一三年七月一二日）に「ラマダーンの精神的、社会的輝き」と題する寄稿で、なぜ一か月も空腹やのどの渇きの苦行に耐えないといけないのか、という問いに、次のように答えている。

第一に精神的な側面から述べると、空腹、渇きに耐えることは自己欲望との戦い（ジハード）であり、その行為は聖戦（ジハード）に参戦することと変わらないくらいの見返りがあるのだ。逆に満腹状態にあることは、意識、感覚を鈍化させて精神の浄化、悟りの妨げとなる。

第二に社会的な側面からは、断食を通じて、社会的に恵まれない人びと、飢えている人びとの苦しみを理解し、彼らへ思いをいたすことで、社会を改革していく力になる。施しを通じて善行を励めば、社会の一体感を醸成することにつながり、断食の価値はさらに高まると考えられるのである。

ところがここで一転、アブドゥラ・アリ講師は、予想外なコメントをしている。「今そしてこれからにおいて必然となる断食の価値がある」と彼はいう。すなわち「断食は健康のため」というのが、第三の意義である。富裕層、中間層において、栄養過多から健康を害する人びとが増えている。宗祖ムハンマドや現代医療研究者の言葉を引用しながら、アブドゥラ・アリ講師は健康増進という観点から断食のダイエット効果を強調しているのだ。

インドネシアの経済成長がもたらした、「肥満を気にする中間層」の出現という、これまでインドネシアにはなかった社会変化が起きており、こうした変化から生じた社会要請に応えるように、イスラームを能動的に解釈しているのである。

消費が拡大する「禁欲の月」

現代インドネシアのラマダーンのありようのあちこちに、「厳格な禁欲的宗教」という長年イスラームにまとわりついている強固なイメージを解体させていく突破口が開いているのではないか。前述のアブドゥラ・アリ講師のコメントから、そうした問題提起が自分の中に生まれた。

たとえば、「厳格な禁欲宗教であるがゆえに、イスラームは資本主義発達の障害」という主張がある。その主張の根拠となっているのは、イスラームは「資本主義が肯定する人間の欲望に対して禁欲的」「貨幣の増殖や貸付の利子を禁止している」「資本の集中を禁止している」「土地の私的所有が制限されている」ことなどだ。

その一方で、こうしたイスラームに否定的な見解の裏返しとして、「禁欲的イスラーム」が反資本主義、反グローバリズムの立場から理想化して語られたりもする。

ちなみにインドネシアの実情をいえば、この国は「イスラーム経済」に立脚する国ではない。

この国家の経済の基本原理は、欧米世界と同じ近代経済学に基づくものであり、国家経済を運用する政府や中央銀行のエリートたちの多くが、「バークレー・マフィア」と呼ばれてきたように欧米の有名大学経済学部に留学し、近代経済学を学び血肉化してきた人びとである。

とはいえ、スハルト政権崩壊後にイスラーム金融制度に対する法的整備も行われ、後述する通り無利子の金融機関であるイスラーム銀行の存在感は益々高まっている。

そして、一度ラマダーンの時期にジャカルタに来てみたら、すぐに「イスラームは禁欲的宗教」という言説そのものに疑問が湧いてくるだろう。ラマダーンのなかば、インドネシア社会の雰囲気を伝える最も適当な言葉は、「日本のクリスマス・年末商戦のよう!」である。

ラマダーン明けの大祭（レバランまたはイドゥル・フィトリと呼ばれる）には、日本の正月と同じく、多くのイスラーム教徒は実家に戻って家族と共に大祭を祝う。そのために日本の盆、正月のような帰省ラッシュがこの時期に発生する。実家へのおみやげ、ハレの日のお祝いの食事、あらたまった席での晴れ着、何かと物入りな季節なのだ。日用品の物価もこの時期に値上がりする。それゆえに労働大臣通達によって、日本の年末ボーナスのような「レバラン手当」が支給される。「レバラン手当」を支給された庶民は買物にくり出し、市場やデパートは大混雑だ。

日本のクリスマス商戦がそうであるように、インドネシアでも女性購買者の心をいかにつかむかが、レバラン商戦の主戦場である。そして、これまた日本のクリスマス商戦がそうであるように、本来の宗教的な意味を離れて、若い女性にはいかにロマンティックな気分を売り込むか、主婦には家族団欒の時間をいかに演出するかが、レバラン商戦の勝敗の分かれ目になっている。まさに「日本の Xmas のイスラーム版」だ。

つまりイスラームの教えに基づく禁欲の月に消費は拡大し、経済は活性化しているのである。

存在感を増すイスラーム金融

「禁欲の月に消費が拡大する」という意外な事実は、我々の固定化した「イスラーム＝禁欲的、厳格」というイメージに見直しを迫る。

イスラームと経済の関係性に関していえば、さらに「非合理、運命論のイスラーム教義は経済発展の障害になっている」という見方がある。これについても、インドネシアの急速な経済発展から、再考する必要がありそうだ。近年では、欧米の長引く経済不況、その一方でのインドネシア、マレーシアや湾岸諸国のめざましい経済発展から「イスラーム経済」の底力を肯定する動きも出てきている。

現在、インドネシア経済において注目すべき動きは、イスラーム金融が拡大しつつあることだ。まずイスラーム金融とは何か、を解説しておきたい。

イスラーム金融の特徴は、①金利の概念を用いない金融、②取引相手がイスラーム教義に反する事業（豚肉、アルコール、武器、賭博、ポルノ等）に関わっていないこと、の二点が挙げられる（国際金融情報センターレポート　二〇〇六年九月八日）。

イスラームの聖典コーランには、「アッラーは、商売を許し、利息（高利）を禁じておられる」（雌牛章二七五節）という記述がある。前掲『イスラーム世界事典』によれば、コーランが利子を禁じたのは、預言者ムハンマドの時代に行われていた高利への批判がその背景にあるらしく、今日のイスラーム世界では「利子は不労所得であり、搾取を生み、貧富格差を拡大する」という理由からその取得が禁じられている。

しかしムハンマドが生きた七世紀のアラビア半島社会に課された掟を、そのまま今日の高度に発達した経済社会体制に敷くのはいかにも無理がある。そこで考え出された、利子という概念を使わない預金、ローン、保険、ファイナンス、投資ファンド等の金融制度が、「イスラーム金融」である。

たとえばイスラーム金融の七割を占めるといわれる「ムラバハ」は、銀行が商品の売り手と買い手のあいだに介在し、それぞれと購入契約を結び、それに価格差を設定することで、金利に代わって利ざやを得る仕組みである。

イスラーム復興現象が起きた一九七〇年代にイスラーム世界各地においてイスラーム金融を扱う銀行が創設されたが、インドネシアに導入されたのは九〇年代に入ってからだ。九二年に銀行法が改正され、インドネシアで唯一のイスラーム銀行として「インドネシア・ムアマラット銀行」が開設された。スハルト体制崩壊とその後の混乱が落着きを見せた二〇〇二年以降、イスラーム銀行の数と貸出額は急拡大し、二〇〇二年から〇四年には資産の伸び率が毎年七〇％を超え

イスラーム金融に基づくクレジット・カードの広告

ていた。〇八年には「イスラーム銀行に関する法律」が制定され、イスラーム金融に関する法整備が進んだ。

二〇一四年七月時点で、一一九の商業銀行のうち一一行がイスラーム銀行で、それとは別に二三行がシャリア・ビジネス・ユニット（商業銀行のなかでイスラーム金融を専門に扱う部門）を設置している。

総資産はイスラーム銀行が一八四兆ルピア、シャリア・ビジネス・ユニットが六〇兆ルピアであり、合計すると商業銀行全体の四・八％に相当する（日本総研調査部　清水聡「インドネシアの金融システム」参照）。

インドネシアにおけるイスラーム金融の拡大現象は、経済の側から見ると、イスラームに目覚めた消費者の精神的ニーズにきめ細かく応えることで、新たな市場を創出しているといえよう。イスラーム化が進行するインドネシアにおいて、自らのイスラーム信仰や道徳に沿った清らかな社会生活を送りたいと願う中間層が拡大しており、ここに新たな市場ニーズが生まれている。さらに彼らの要望に沿った金融制度は、より広範な層からの投資を促し、そうした資本に基づいて実施されるプロジェクトによって経済は一層活性化する。

他方、宗教の側からイスラーム金融を考えると、宗教がグローバル資本主義体制において生きのびていくための戦略的適応、と捉えることも可能だ。

イスラーム金融に対する根強い批判の一つが、「利子という概念を使わず」とも、事実上の利子取得が行われているのであり、非合理な教義に辻褄をあわせるための偽善に過ぎないというものだ。しかし、現代を生きるイスラーム教徒が、資本主義の論理に抗して個人の生き方を律する信仰、内面世界の秩序を守りつつ、現実世界に乖離しない程度に信仰を解釈していくことは、創造的で新たなライフスタイルを創出していく営為である。宗教と世俗のあいだに均衡をとるべく模索を重ねてきたのは、イスラームのみならず他の宗教教義も同じであろう。

であるならば「イスラームは停滞の宗教である」という断定は正しくなく、イスラームが置かれている現代社会状況のなかで、その状況に見合った対応（教義の読みかえ）をとるならば、その対応自体が経済発展を刺激する要因にもなりうる、と考えることも可能なのだ。今日のインドネシアで起きているイスラーム金融の拡大は、そういうことのようにも見える。

3　文化受容の視点からみた「イスラーム化」

ムスリム・ファッションの柔軟なイスラーム受容

「イスラーム化」について、経済の次に文化の面からも考えてみたい。ラマダーンを前に、ラマダーン商戦を盛り上げるかのように毎年この時期になると、ムスリム・ファッション・ショーや展示即売会が開催される。

宗教意識が高まるラマダーンの時期、「ムスリム・ファッション」の需要は拡大するのである。肌を覆う面積が広いムスリム・ファッションにはバティックやイカットなどの伝統的なインドネシアの布が用いられ、女性たちはカラフルで、お洒落だ。

イスラーム教徒の女性が着用する「ヒジャーブ」とよばれるヴェールは女性を束縛するイスラームの象徴として理解されがちであるが、会場では女性たちの自己表現の手段として、ヒジャーブが躍動している。彼女たちは自らを「ヒジャーバーズ」と呼ぶ。

「ジャカルタ・ポスト」紙（二〇一三年六月三〇日）によれば、「ジャカルタ・イスラミック・ファッション週間」主催者は、「インドネシアのイスラーム女性たちにイスラームの教えに反している負い目を感じることなく、最新ファッションを楽しんでほしいという願いから、このイベントを企画しました」と述べている。たしかにイスラーム文化を柔軟にとらえ、大胆に欧米発ファッションを取り入れた作品がファッション・ショーで披露されている。モデルの肌の露出が少なくヴェールを被っていることを除けば、気分はパリ、ニューヨーク、東京のファッション・ショーと変わらない。

作品を出品したデザイナーによれば、往年のオードリー・ヘップバーンや一九四〇年代のフランス映画を意識したノスタルジックな雰囲気をイメージしたとのこと。また「ギリシア神話の女神をイメージした」(ジャカルタの邦字紙「じゃかるた新聞」二〇一三年六月二七日)コレクションも出品されていた。こうなってくると、ワッハービズムなど厳格なイスラーム教徒が忌み嫌う偶像崇拝、多神教的イメージまでがムスリム・ファッションに入りこんでいることになる。

ムスリム・ファッション産業は、イスラームの柔軟な解釈で、欧米ファッションへの関心も否定しがたい女性心理に寄り添いつつ、インドネシア独自のムスリム・ファッションを確立する戦略をとって成功をおさめているのである。これもイスラーム化が新たな市場を創出している事例の一つである。

八〇年代と比べて、ヴェールを被る女性たちの姿が目に見えて増えた。前掲野中葉氏はこの三〇年間にヴェール着用を始めた女性たちへのインタビューを通して彼女たちの内面に迫った(『インドネシアのムスリムファッション』福村出版)。

同書において、八〇年代からの三〇年間のあいだにヴェールの形態が変化し、その呼び名も元々使われていた「クルドゥン」から「ジルバブ」さらに「ヒジャーブ」へ変化したことが語ら

「ラマダーン商戦」を盛り上げるムスリム・ファッションの展示即売会にて

れている。呼び名が変わったのは、二つの社会潮流が影響を与えているという。

第一に八〇年代から二〇〇〇年代初頭まで、大学を中心に社会変化を求める学生イスラーム運動が盛んとなり参加した女子学生たちが、「ジルバブ」という言葉を用いた。これについて、ジルバブを着用することは、「イスラームを実践し、広めることによる自己変革と社会変革」をめざした女性たちの「意識と決意を表明する手段」であった。

であるならば、ヴェールをまとうことは、当事者の女性たちにとって、よく言われるような「男尊女卑社会の束縛」ではなく、「女性の政治社会状況への主体的な関与」という意味をもっていたことになる。

第二に、二〇〇〇年代に入ってからは、前ページで触れた通り、ファッション性を重視し、おしゃれとして楽しむ感覚でヴェールを着用する女性たちが増え「ヒジャーブ」という用語がメディア等で拡がっていった。

社会変革運動とおしゃれ、いずれの潮流においても、女性たちが能動的にイスラームを社会生活と結びつけ、言葉に新しい意味を吹き込み、自らの意思と感性にあった文化を創造していったのである。

「ポップなイスラーム」に浸透する現代日本文化

ここまで述べてきたインドネシアのイスラームが見せる新しい生活様式について、見市建氏は、「宗教的な義務の履行や制度的な拡充とともに、マーケットに適応した『ポップ』なイスラームが流通しているのが現代的な特徴」、と『インドネシア　イスラーム主義のゆくえ』（平凡社）で述べている。

従来日本文化はイスラームとは縁遠いと考えられてきたが、「ポップなイスラーム」であるならば、漫画、アニメなどのポップカルチャーで世界に注目される現代日本文化との親和性はそれなりにあるだろう。この視点から調べると、インドネシアの「ポップなイスラーム」に日本文化が少なからぬ影響を与え、「ポップなイスラーム」に華やかな彩りを添えていることに気づく。

「コンパス」紙は、青少年向け紙面をもっているが、そのなかに読者が投稿する「Komik Muda」（若者コミック）というコーナーがある。二〇一三年七月のテーマは「断食」。そこに明らかに日本の少女漫画の影響を受けたと思われる作品が掲載されていた。断食明けを指折り数えて待ちながらグータラしている兄に対して、「ちょっとは家事を手伝いなさいよ」と小言を言う妹、という構図である。

子どもの頃から日本の漫画、アニメに慣れ親しんできたインドネシアの高校生や大学生は実に器用に、日本の漫画タッチの作画をして見せる。イスラームが彼らのライフスタイルの一部であるならば、彼らが描く漫画のなかにイスラームが登場するのは自然なことでもある。ジャカルタの書店に並ぶ子ども向けイスラーム関連書籍のなかにも、マンガ風の絵本を見出すのは容易だ。

現代インドネシアのイスラーム的生活様式のなかで、確実に日本の漫画は若者たちの自己表現の手段として、一定のステータスを確保しているのだ。

インドネシアにおいて「イスラームは現地の宗教、慣習と混じりあって共存している」つまり「習合的」といわれるが、現在進行中の「イスラーム化」においても西洋のファッションや日本発のポップカルチャーを巧みに取り入れて新しいイスラーム文化を創造している点など習合的要素が随所に見られる。そういう観点からすると現在の「イスラーム化」は、この国のイスラームのＤＮＡに組み込まれた習合的伝統の再活性化ともいえる。

4　学歴社会で重要性が増すイスラーム教育機関

国民教育を下支えするもの

「イスラーム化」の波は、教育分野においても認められる。学歴社会化するインドネシアにおいてイスラーム系教育機関の重要性がますます高まっているのである。

まずインドネシア独特のイスラーム教育「プサントレン」について説明しておこう。プサントレンとは、「サントリ（生徒）が集まるところ」を意味する。イスラームに関する深い知識を有する先生（キヤイ）の下で、若いサントリが寝食をともにしながら暮らす伝統的な寄宿制教育機関である。キヤイの自宅周辺にサントリの宿舎ポンドックが立ち並び、モスクと共に一つの学びの場を形成する。

『岩波イスラーム辞典』でインドネシア・イスラーム研究者の小林寧子は、プサントレンの起源を「いつごろからプサントレンが存在したかを確定することはできないが、プサントレンがキターブ・クニン（アラビア語の古典的宗教書）を学ぶ性格を明確にするのは一八世紀末以降であり、さらにその数が増えるのは一九世紀後半」と解説している。

つまりインドネシア、特にジャワ島において近代教育が始まる前に、プサントレンは、ジャワのイスラーム指導者たちの養成を担っていたのであり、この国の教育史の黎明を告げた社会制度である。

ところでイスラーム教育機関を管轄する宗教省によれば、インドネシアに存在するプサントレン数、寄宿生数は以下の通りに推移している。

【プサントレン数の推移】

5,661（1981）→6,239（1985）→9,388（1997）→29,535（2012）

【寄宿生の推移】

938,397（1981）→1,084,801（1985）→1,770,768（1997）→3,876,696（2012）

伝統的イスラーム教育を施している機関数	18,233
近代的イスラーム教育を施している機関数	5,483
伝統・近代をミックスした教育を施している機関数	5,819
合計	29,535

男子寄宿生数	1,945,210
女子寄宿生数	1,931,486
合計	3,876,696（いずれも二〇一二～二〇一三年の統計による）

以上の統計から読み取れるのは、プサントレンはインドネシア独特の伝統的教育機関であるが、その数が増えるのは八〇年代以降であり、特にスハルト政権が崩壊しインドネシアが民主化の時代を迎えた一九九八年以降、その拡大が加速していることである。

また今日では、全体の三分の一を超えるプサントレンが何らかの形で理数科目や英語などを含む近代教育を施しており、単に伝統的な教えだけに固執しているわけではなく、プサントレンの近代化が進んでいることがうかがい知れる。

なお欧米ではプサントレンを、狂信的なテロリストを養成する危険な存在とする報道が時おり流れたりするが、過激思想を説くプサントレンは、全体のなかで極めて限られたものである。大半のプサントレンは伝統的教育校であれ、近代教育重視校であれ、現実とのバランスがとれた穏当な教育カリキュラムを採用している。

インドネシアの教育制度は、教育文化省傘下および宗教省傘下の教育機関という二つの教育制度が併存している。宗教省傘下の教育機関で学ぶ生徒数が全体の二割弱、そのなかでプサントレンにて三八七万人が学んでいるという事実は、プサントレンが国民教育の一翼を担っていることを示すものといえよう。

ところで「イスラーム＝男尊女卑」というイメージがあり、イスラーム教育機関において女子教育は後回しにされているような先入観があるが、プサントレンの寄宿生数の男女比率はほぼ同率であり、女子教育も男子同様に重視されているのである。

一般的に宗教省傘下の教育機関には、教育文化省傘下の学校に通う子どもと比べて、恵まれない経済状態の家庭の子弟が学んでいるケースが多いと聞く。インドネシア史上最大のヒットとなった小説・映画『ラスカル・プランギ』はまさに貧乏な家庭の子どもが、イスラーム組織が運営する存続が危ぶまれる辺地の小学校に通って、そこで出会った献身的な若い女性の先生によって成長していく物語だった。

全寄宿生の授業料を無料にしているプサントレンもある。そのため教育文化省系の学校に通わせることができない両親が田舎から子どもを連れてきて、このプサントレンに預け、そのまま親も近接する地域に住みつくケースさえもあるそうだ。

独立以来インドネシアは国民教育に力を入れてきた。その結果、初等教育の義務教育化はほぼ達成され、識字率は飛躍的に向上した。今は、中等教育、高等教育の拡大が進行していて、貧しい家庭にあっても子どもたちが社会階層を上昇させるためには教育が大事、という認識が定着しつつある。そのなかでプサントレンをはじめとするイスラーム教育機関は、貧困層、下層階層の子弟に教育機会を提供することで、インドネシアの国民教育を下支えする役割を担っているといえよう。

笑顔のプサントレン

以上述べた通り国民教育の一翼を担っているプサントレンであるが、そのありようは様々だ。インドネシア赴任以来、プサントレンは日本とインドネシア交流において重要な意味を有すると考え、彼らとの関係作りのために様々な交流事業を企画し、そこに足を運んできた。

そのなかでも印象に残るのが、東ジャワにある「プサントレン・トゥブイレン」である。プサントレン・トゥブイレンは、インドネシアではよく知られた名門プサントレンで、第四代インドネシア大統領アブドゥルラフマン・ワヒド（敬愛の情をこめて「グス・ドゥル」と呼ばれた）が育ち、かつ教えた教育機関として知られている。現在の校長サラフディン・ワヒドはグス・ドゥルの実弟で、二〇〇四年の大統領選挙には副大統領候補として出馬した経験もある。

「トゥブイレン」は、インドネシア最大のイスラーム組織「ナフダトゥール・ウラマ（NU）」の代表的な教育拠点とされている。NUは、イスラーム近代改革派の台頭に対抗意識を抱いた、ハシム・アシャリ師はじめ伝統派・保守派指導者が結集して一八九九年に設立した組織である。ハシム・アシャリは、グス・ドゥルやサラフディン現校長の祖父にあたる。

「プサントレンの名門」「伝統派・保守派の牙城」と聞くと、きわめて厳格で、皆一心不乱に信仰を実践し、いかめしい表情をした修行者たちが修行にうちこんでいる姿を想像する人も多かろう。しかし、あにはからんや、この教育機関を包み込む雰囲気を一言で表現するなら「大らか」であり、至るところで出会ったのは笑顔である。左頁の写真は、日没、すなわち断食が明ける直

「名門プサントレン」のトゥブイレンに通う少女たち（左は筆者）

前の時間、夕食を摂るために広場に集まってきた寄宿生の少女たちとの一枚。彼女たちの屈託なさに、こちらまで笑顔の輪に引きこまれてしまう。

さらに夜に入って寄宿生たちの礼拝を眺めていると、片隅で中学生初年ぐらいの幼い面影を残した寄宿生がじゃれあっていることに気がついた。周囲の誰がとがめるでもない。規律重視ではないようだ。それでも高校生ぐらいの年齢になるとピシッと礼拝する姿がさまになっている。

さらに、グス・ドゥルの墓前で、少年たちが熱心にコーランの暗誦に取り組んでいた。なぜグス・ドゥルの墓の前なのか。菅原道真の天満宮のような話で、生前偉大なイスラーム学者であった人の墓の前で勉強すると学問成就するという御利益が信じられているからだ。聖者崇拝の色彩があるので、イスラーム近代厳格派からは、こうした聖者崇拝は本来のイスラーム教義から逸脱する盲信なので排除すべき、という意見も出されているという。「トゥブイレン」の校長や教師たちは「単にそこで勉強しているだけだ」と構いだてしない。宗教理念と現実の生活感情のあいだで、見事な平衡感覚をもって事に対処する能力をもった人たちである。

こうした「トゥブイレン」の教育姿勢は、グス・ドゥルが率いたNUの大らかさに通じるものがある。

グス・ドゥルは、一九八四年にNU議長に就任して以来、インドネシア共和国大統領に就任するまでの一五年間、この巨大イスラーム集合体を指導してきた。そしてNUは、盤石と見られたスハルト軍事体制を崩壊させる市民組織、活動家が育つ揺りかごの役割を果たすことになった。

私は生前グス・ドゥルの講演を聞いたことがある。九〇年代半ばシンクタンクの東京での国際会議に出席していた彼の肉声を聞く機会があったのである。インドネシアを代表するイスラーム組織の指導者、というイメージを打ち消すかのようなジョークを連発して、人々を煙にまいていた。そんな人々の困惑を、とぼけたふりで楽しんでいる茶目っけのある人だった。

その時に気付くべきだったが、この人物の偉大なところは、とぼけた顔をして、スハルト軍部専制の基盤を揺り動かすほどの市民社会の芽を、旧態依然たるイスラーム大組織のなかに植え付けて、静かに体制転換の可能性を拡げつつあったことだ。このあたりのグス・ドゥルによる奇術のような「保守派」と「進歩派」の結合は、前掲した見市建氏の『インドネシア　イスラーム主義のゆくえ』（平凡社）に詳しく描かれている。

テロ対策としてのプサントレン支援

「トゥブイレン」のような有力プサントレンを訪ねてみると、すでに欧米諸国が支援や交流を実施していることに気づかされる。ジャカルタに駐在する米、英国大使がプサントレンを訪問したという報道も時折目にする。

なぜ欧米諸国がプサントレン重視の姿勢をとるのかといえば、プサントレンが過激なイスラーム主義の温床になっているという認識がその背景にあるからだ。よくひきあいに出されるのは、テロ組織ジェマ・イスラミアの精神的指導者アブ・バカル・バアシルが中部ジャワの古都ソロ近郊に創設した「プサントレン・アル・ムクミン」だ。イスラーム法に基づくイスラーム国家の樹立をめざすカリキュラムが過激イスラーム主義者を育てているとして、警察や軍情報機関が監視している。

八〇年代半ばにマドラサ（イスラーム系教育機関の呼称。現在のインドネシアでプサントレンとの違いはあいまいだが、アラビア語では元来宗教の有無に関係なく「学校」を指す）やプサントレンといった伝統的なイスラーム教育機関のなかに中東から急進的・排外的・過激イスラーム主義が流れこんだといわれている。いわば欧米化と並行する、もう一つのグローバリゼーション潮流というべき現象が東南アジアのイスラーム圏において発生していたのである。

もっとも米国同時多発テロ事件、その後米国が始めた対テロ戦争は、インドネシアのイスラーム教育機関と中東イスラーム過激主義のネットワークを切断、弱体化させた。

しかしISにインドネシアから数百名が参加していることが明らかになって、あらためてイスラーム過激主義の東南アジア・中東ネットワークが問題視されている。

プサントレンでは、一〇代、二〇代の若者が一つ屋根の下で寝食を共にしながらイスラームの教えを学ぶ。その寄宿制という教育形態がややもすれば閉鎖的空間を形成し、外部からの連絡が断たれた環境の中で狂信的な指導者が、純粋無垢な若者たちに一方的に彼らの教義を吹き込むことで、テロリスト予備軍が形成される。それゆえに、プサントレンをテロリスト養成機関にしないためには、常に外からの風を吹き込ませなければならない。そういう問題意識にたって、欧米諸国は穏健派プサントレンへ特別奨学金、留学プログラムを用意し、ボランティアを送りこんだりしている。いわばテロ対策の一環である。

5 なぜ今「イスラーム化」なのか

「二〇世紀は青春の世紀」

ここまでインドネシアで加速しつつある「イスラーム化」を、経済、文化、教育面から描写し、これが従来のステレオタイプ化されたイスラーム像からはみ出るものであることを述べてきた。

それにしてもなぜ今インドネシアでイスラーム潮流が強まっているのだろうか。二〇年前の駐在時代と比べて、明らかにこの国のなかでイスラームの存在感は高まり、イスラーム的価値観を善なるものと意識する人々が増えている。


この二〇年間にインドネシアもグローバリゼーション時代を迎え、国境をこえて大量のヒト・モノ・カネ・情報が海外からインドネシアに流れこみ、逆にインドネシアから海外に出ていくようになった。また経済発展によって新しい中間層が生まれ、学歴社会化も進んでいる。そのようなインドネシアで、なぜ今「イスラーム化」なのか。


この問題を考えるためのキーワードがある。それは「青春」である。

参考になるのが、文芸評論家、三浦雅士氏の独創的な文学評論『青春の終焉』（講談社学術文庫）だ。この評論によれば、若さへの特別な思い入れ、意味を付与するようになったのは一八世紀のヨーロッパである。ロマン派文学は、青春の文学と呼ばれる。

西欧に端を発した「青春」という感情の化学反応は、一九世紀から二〇世紀にかけてロシアへ、ロシアから日本へ、日本から中国へと全世界に伝播した。日本で「youth」に「青年」という訳語が与えられたのは一八八〇年東京基督教青年会が発足した時で、この訳語を日本全国に普及する役割を果たしたのは徳富蘇峰といわれている。「青春」という言葉が日本に拡がったのは、一九〇五年に小栗風葉が小説『青春』を読売新聞に連載したことによる。三浦が記した印象的な言葉を書き留めておく。

一九世紀、二〇世紀が、青年の世紀、青春の世紀であったことは紛れもない。（略）青年および青春は、産業資本主義と軌を一にして全世界に浸透していったのである。青春の光と影は、じつは資本主義の光と影にほかならなかった。資本主義は階級闘争とともに拡大したのであり、青年はどこにおいても階級闘争の第一の担い手だった。（略）

一九世紀から二〇世紀にかけて、途上国の革命運動の先端はつねに学生の手に委ねられてきたのである。学生にとって青春とはまず社会的覚醒であり、革命であり、政治的かつ芸術的前衛であり、恋愛であり、その挫折であった。

「大衆化」するインドネシアの高等教育

三浦は、ブルジョワの、しかも男子のみに許された特権であった「青年」「青春」が、二〇世紀後半（日本では一九六〇年代）のエリート有識者層の大衆化、女性解放運動等の経済、文化的変化のなかで、かつての訴求力を失っていく姿を、すなわち「青春の終焉」を描いた。

三浦の評論があげた「青春の終焉」という視点でインドネシアの社会、文化芸術、政治運動を眺めてみると、この国の「イスラーム化」現象を、より普遍的な文脈で理解できるのではないだろうか。

確かに三浦が述べるように、インドネシアにおいても初期のインドネシア・ナショナリズムを担ったのは、有産階級の若者たちだった。独立運動の萌芽として歴史に記録されるのが、一九〇八年バタヴィア医師養成学校の学生たちによって結成されるブディ・ウトモである。また独立前にインドネシア国家構想の形成に大きな役割を果たしたのが、まさに「青年」の名を冠した、一九二八年第二回全国インドネシア青年会議の「青年の誓い」である。

ここで、一つの祖国、一つの民族、一つの言語として、インドネシア国家、インドネシア民族、インドネシア語を承認したことが、国民国家インドネシア誕生の出発点となった。スカルノ、ハッタ、シャフリルら建国の父となった世代は、いずれも国内の高等教育機関を卒業するか、欧州に留学した、当時において一〇代、二〇代の青年たちだ。インドネシア独立とは、まさしく知的エリート青年による革命運動だったのである。

現在のインドネシアも政治運動、社会運動において学生が重要な役割を担っていることには変わりない。一九九八年のスハルト政権を崩壊させる上で大きかったのが、街頭にくり出した学生たちのデモ行動だった。しかし現在、社会における学生の地位が、独立前や独立直後と比べて大きく変化しているのは本章冒頭で述べた通りである。大学生が社会のひと握りのエリートではなく、高校、大学に進学するのは普通という状況になってきているのだ。

過激思想を生んだ近代教育

インドネシアの高等教育が大衆化する状況にあって、東ジャワのプサントレン「ポンドック・モデルン・ダルッサラーム・ゴントール」の教育内容は、異彩を放っている。近代教育を重視するイスラーム近代改革派のエリート養成機関なのである。

このプサントレン出身のイスラーム指導者はきら星の如くだ。インドネシア最大のイスラーム組織NUのハシム・ムザディ元議長、二番目に大きい組織「ムハマディア」のディン・シャムスディン前議長、ベストセラー作家・ジャーナリストのA・ファディ。ファディの自伝的小説『五つの尖塔の地』は、プサントレン・ゴントールを舞台とするもので、二〇一二年三月に同校を訪問した時に、この小説を原作とする映画がちょうど全国封切りとなったところだった。

この学校を訪問した時の印象を一言でいえば、英国の名門パブリック・スクール「イートン校」のようだということ。礼拝を除いて、男子寄宿生の日常的な制服が西洋のブレザー服であることや、「イートン校」と同世代の若者が同じような寄宿生活を送っているという表層面だけでなく、この教育機関が掲げる志に極めて英国のパブリック・スクールと近いものを感じたからだ。

ところでプサントレン・ゴントールに関して気になるのが、前述した国際テロ組織ジェマ・イスラミアの精神的指導者アブ・バカル・バアシルが、このプサントレンの卒業生であることだ。なぜ「近代的」プサントレンを自負するこの学校から、前近代的ともいえるイスラーム過激思想の指導者が出てきたのか。

　プサントレン・ゴントールがめざす「近代教育」とは何か。「近代」とは何か。創設者の血をひくハミッド・ザルカシィ副学長（学生部長）は、この学校では「国際性」と「人格形成」を、近代教育の二本柱として重視していると語った。「国際性」重視の具体的な形としては徹底した外国語教育が行われている。学内で使用が認められるのは、アラビア語と英語であり、国語たるインドネシア語や地方言語を話すことは認められていない。前述したファディの自伝的小説『五つの尖塔の地』は、かつて沖縄で行われていた「方言札」と同じような罰則を描いている。インドネシア語をしゃべった寄宿生は、罰として「札」を掛けさせられ、禁令を破った別の者を見つけるまで、札をはずすことを許されない。徹底した語学教育によって、このプサントレンの寄宿生は皆、流暢な英語をしゃべる。バアシルの英語力も相当のレベルにあるに違いない。

　さらに重要な点が「人格形成」、指導者としての自我と教養を身につけさせることを重視している点だ。すなわち三浦雅士氏が「青春」と呼んだ二〇世紀初頭の欧米や日本で奨励された教養主義的教育が、今もこの学校ではしっかりと受け継がれている。優れた文学、芸術に触れ、スポーツで体を鍛えることで、自己形成を図ること、これが教養主義教育の主題である。

　このプサントレンでは学術・芸術・体育を通じて、確固たる自我をもつ「個人」を育て、そうした「自我」をもつ個性が自己を雄弁に語り、表現する術を競い合う。ちょうど我々がプサントト

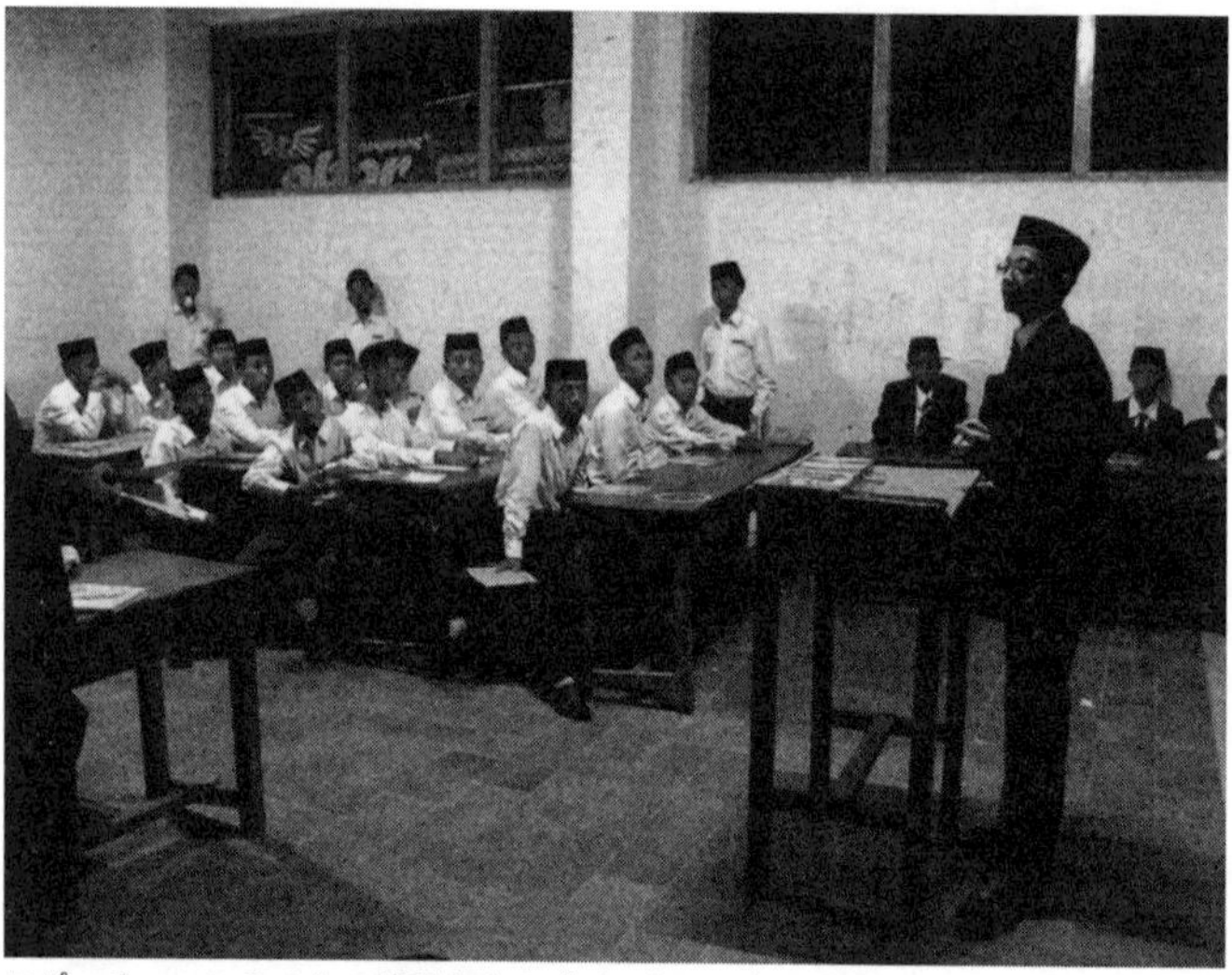

スピーチ・コンテストの練習をする「ゴントール」の学生たち

レンを訪問した時は、夕食後のアラビア語スピーチ・コンテストの練習を寄宿生たちが自主的に行っていた（写真）。

上級生にもなると、あたかも独立運動の指導者たちがそうであったかのように感情の抑揚をコントロールし、下級生の聴衆の心をつかむ技術を体得している。見事なものである。

早朝、寄宿生がバレーボールの練習に汗を流していた。自分の内面世界をもち、かつ快活な青年たちは、「青春」そのものだ。

しかし彼らが生きるインドネシアは、今「青春の終焉」の時代を迎えている。近代化によって従来の血縁社会・地縁社会が変質し、農耕社会から工業社会、情報化社会へと、数千年に一度あるかないかのような大きな変化が進行するなかで、従来の価値観は揺らぎ、近代教育を受け内面世界をもつようになった青年たちは、自分とは何で、自分は他者や変動する社会といかにして新たな関係を築いていくのかという問題に直面している。そこでは自らが自らであることに根拠を与えてくれる安心の源として「伝統」や「民族（ネーション）」が強く意識されるが、グローバリゼーションの時代にあって、その輪郭が見えにくくなっている。言葉を変えれば「青春の終焉」は、アイデンティティー不安定化の時代でもある。

特に英語の流通やITを通じて欧米発の大量の情報を受けとめる、現代のインドネシア青年たちは、自分が自分であるための根っこになる何かを求めて揺れている。そのなかで自らのDNAの一部であるイスラームは、西洋近代に対抗するため一〇〇年以上にわたって、中東、アジア・アフリカで改革の模索をくり返してきた。このイスラーム改革の蓄積は大きく、かつこれがカバーする領域は、宗教倫理のみならず、生活文化や政治経済にまで及ぶ。

イスラームに比して、自らのもう一つのDNAであるローカルな自然崇拝や祖霊崇拝は、体系的な教義が存在しないため、西洋近代に対抗しうる思想倫理軸とはなりえない。

それゆえに、近代教育をベースにする学歴化社会が進行する現在のインドネシアで、特に高等教育を受けた層において、この国が内包する多様な文化・宗教のなかから、イスラームが強く意識されるという状況が生まれているのではないか。というのが「イスラーム化」に関する筆者の仮説である。

明治期の日本において、西洋近代に対抗するナショナル・アイデンティティーの確立を急ぐ政府は、西洋列強の圧力によりキリスト教の国内布教を認めた時、教義が明確ではない神道だけではキリスト教に対応しえないとして、それまでの廃仏毀釈政策を改めた。そして、神道と仏教の合作によりキリスト教に対抗する教化体制として一八七二年に教部省を設置。このような歴史が頭をよぎる。

しかし過度な優越感や劣等感を抱きつつ、イスラームにアイデンティティーの源を性急に求めると、その宗教理解は現実へのバランス感覚を欠いた歪んだものに陥る可能性がある。

プサントレン・ゴントールで自己の確立をめざす近代教育を受けたバアシルが、イスラーム過激思想に染まったのは、「イスラーム教自体が狂信的宗教だから」というよりも、「近代教育のなかで過剰に意識された自己が社会にうまく適応できず、その解決をイスラームに求めたから」と考えれば、「なぜ最も近代的なプサントレンから過激なイスラーム主義者が生まれたのか」という矛盾を解くことができる。

そうであるならば、ほんの一部ではあるがＩＳシンパが拡がっているという第一章で述べた事実は、グローバリゼーション時代のアイデンティティー危機への対応としての「イスラーム化現象」と無縁ではなく、「イスラーム化」の多様性、多面性の一側面と理解することもできる。

第三章　揺らぐ「寛容なイスラーム」

1　インドネシア・イスラームの「変調」？

続発する宗教少数派へのハラスメント

インドネシア内部において、イスラーム受容のあり方は多様である。これをひとことで語ってしまうと誤解を生む可能性がある。

それでもあえて言うならば、主流をなすのは土着の文化、生活と融合した「穏健、寛容な信仰」というのが、インドネシアにおけるイスラームの特徴だ。世界がインドネシアを評価する理由は、多数を占めるイスラーム教徒が率先して、異なる宗教との平和的共存を図ってきたその寛容性にある。しかし近年この国において多数派のイスラームによる宗教少数派へのハラスメント行為が続発していて、「イスラームの寛容性」の危機を知らせる赤いランプが点滅し始めた、という警鐘の声が内外で相次いでいる。

民間シンクタンクのワヒド・インスティテュートが毎年実施している調査によれば、インドネシア全土で「宗教の自由を侵害する事件」は、調査開始年の二〇〇九年一二一件だったのが、一〇年一八四件、一一年二六七件、一二年二七八件と年々増加した。一三年二四五件、一四年一五四件と減少に転じたものの、一五年には一九〇件と再び増加に転じた。多くのケースで、加害者は多数派のイスラーム教徒である。

多宗教国家に寛容の心を定着させるのが難しくなっていることをインドネシア政府も認めており、一六年二月にワヒド・インスティテュートの会合に出席した宗教大臣は、過激思想の流行が多宗教の共生を難しくしていると述べた。

ここで問題とされる多数派のイスラームによる少数派への宗教的非寛容は、主に次の四つに大別されよう。

①　キリスト教や仏教等インドネシア国内の少数派宗教に対する差別・ハラスメント
②　イスラーム内で異端視されるシーア派、アフマディーヤ派に対する圧力・ハラスメント
③　世俗主義者、無神論者に対する差別・ハラスメント
④　女性や性同一性障害・同性愛者に対する差別・ハラスメント

①について、たとえばイスラーム教徒の多い南ジャカルタ区レンテン・アグン町の住民が、当時ジャカルタ特別州知事だったジョコ・ウィドド氏（現大統領）の任命により二〇一三年七月に着任した町長の宗派（キリスト教）を問題視して辞任要求する騒動があった。ジャカルタ特別州は辞任要求を拒否したが、本来州政府と共同歩調で断固たる姿勢を示すべきインドネシア中央政

府の担当大臣が「適材適所という観点から、非ムスリム地域への異動が最善だ」と発言し、物議をかもした。このほか西ジャワ州ボゴールでも、イスラーム住民の反対でキリスト教会の建設が頓挫するなど、イスラーム以外の宗派に対して圧力をかける動きが頻発しているのだ。

②に関しては、①以上に激しい暴力事件が発生している。

アフマディーヤ派とは、一九世紀インドで創設されたイスラーム改革派の教団で、創設者が自らを救世主であると称する点等が、他のイスラーム諸派から異端視されたりする。それゆえにイスラーム内部では少数派である。

二〇一一年二月に一〇〇〇人を超える暴徒がバンテン州のアフマディーヤ派教会・礼拝場を攻撃して、三人が犠牲になった。こうした物理的な暴力に加えて、この年には二六の地方州政府がアフマディーヤ信者に対する制限を加える法律を制定した。

また二〇一二年七月にはマドゥラ島で暴徒化したイスラーム教スンナ派の住人によってシーア派の村が焼き討ちされ、シーア派住人の二人が死亡した。暴力が再び起きることを恐れて、二八〇人にのぼるシーア派住民が避難生活を余儀なくされた。インドネシアでは、イスラーム教徒の大半はスンナ派であって、シーア派は少数派である。

そもそもインドネシア宗教省は、六つの宗教（イスラーム、カトリック、プロテスタント、仏教、ヒンドゥー、儒教）にしか、宗教としての公的な認定を与えていない。ゆえに身分証明書の宗教欄選択肢はこの六つに限られている。身分証明書に宗教が記載されているために、町内会長や雇用主、警察に宗教について知られ、それがために宗教少数派の人びとが差別的な扱いを受けることが少なくない。

この六つの選択肢の指定は一九五〇年代に制定された民事行政法第六四条に基づくもので、これら以外の宗教を信じる宗派は「その他」というカテゴリーに入れられ、宗教ではなく文化として教育文化省に登録し、身分証明書等の発行を受けることができることになっているが、実際には様々な困難に直面する。「その他」カテゴリーに属する人びとの数は二七万人程度とされる。この民事行政法第六四条について、少数派に対する「制度化された差別」法であるという批判もある。

さらに困難が伴うのは、③世俗主義者、無神論者である。国是五原則「パンチャシラ」の第一原則「唯一神への信仰」からの逸脱とみなされ、インドネシアが反共国家に転じる契機となった一九六五年の九月三〇日事件以降、この国でタブー視されてきた共産主義者であるとの疑いをかけられかねないからだ。身分証明書の宗教欄に何も書きこまないことも一応認められてはいるが、そうした身分証明書を所持する人は、行政手続きで面倒なことに巻き込まれるケースが多々ある。

二〇一四年一一月に内務大臣が身分証明書の記載から宗教欄をはずすことを提案したが、イスラーム政党に所属する宗教大臣が「国家五原則に定めた自己規定にそぐわない」と反対し、閣内でも意見が分かれており、近い将来この点が改善される見込みはない。

第一章に書いたＩＳに扇動されたテロの可能性は深刻であるが、テロという極端な行動に奔っているのは社会の一握りの例外者にすぎない。しかしインドネシアのイスラーム教徒が総体として、本来持ち合わせていた寛容性を失いつつあるとしたら、インドネシアの平和と安定にとって、事態はより根本的で深刻である。

そしてこの国の「イスラームの寛容性」危機は、第二章で概説した社会の「イスラーム化」とは無関係な現象なのだろうか。それとも何らかのつながりがあると考えるべきなのだろうか。

レディー・ガガをめぐる賛否両論

「インドネシア・イスラームが寛容性を失いつつある」という点と、非寛容の矛先が③世俗主義者、無神論者、④女性や性同一性障害・同性愛者に向かっているという点に関して、数年前の「事件」を思い出す。排外的なイスラーム勢力が自由な文化表現に圧力をかけたとして、「インドネシアの民主主義に何が起きているのか」と世界の注目が集まった、二〇一二年の米国人歌手レディー・ガガのジャカルタ公演中止をめぐる騒動の件だ。

物理的暴力をも厭わない過激行動で知られる「イスラーム防衛者戦線」（ＦＰＩ）が絶対阻止を主張するなか、同年六月に五万人の観客を集めてアジア・ツアー最大のイベントになるはずだったガガのジャカルタ公演について、安全確保が困難という理由から直前になって取りやめる判断を主催者が下したのである。治安当局の腰もひけていた。FPIの反対声明の後、国家警察は、「公演許可を出すには宗教省やイスラーム界の同意が必要」という条件を主催者側に提示して、治安当局としての責任を回避しているという批判を浴びた。

ガガ公演に反対したのはFPIだけではない。「インドネシア・ウラマー評議会」（MUI）も、国家警察の意見聴取に対して、反対意見を表明していた。MUIは、反対理由として「①ガガの公演は民族、国家の生活の基盤に反する、②レディー・ガガは憲法に反するポルノやリベラリズムの象徴、③公演計画で賛否が生じ、非生産的な労力を費やすとともに、市民の平穏な生活と衝突を引き起こしかねない、④インドネシア市民は経済的困窮にあり、公演は快楽主義を広め、社会的連帯や国民の団結力を麻痺させることにつながる」といった点をあげた。

印象論だが、概して「ジャカルタ・ポスト」などの英語メディアは、FPI等のイスラーム強硬派を非難し、彼らの圧力に屈した当局の弱腰を厳しく追及する言論を展開したのに対して、「コンパス」「テンポ」などのインドネシア語メディアは英語メディアよりもやや冷めた姿勢で報道する傾向があったように思える。

公演中止が発表された直後の「ジャカルタ・ポスト」紙（二〇一二年五月二九日）に掲載された声を拾ってみよう。一〇件の投書中、公演中止を是とする者一件に対し、残り九件はこれを遺

レディー・ガガの公演中止を伝える「ジャカルタ・ポスト」紙

憾とする意見である。

「これがインドネシアの法秩序の現状であると世界に伝えられることが悲しい」

「レディー・ガガ騒動は、FPIと政府が市民の自由を侵害している事実を世界に示してしまった」

「まったくインドネシアは本当の民主主義から程遠いよ」

以上の通り、インドネシアの民主主義の不完全を憂い、世界がインドネシアをどう見るかを気にする意見が並んでいる。表現の自由の普遍性を重んじる立場である。公演中止を是とする意見はどうだったか。

「国民は皆、互いの違いを認めあうべきだ。

インドネシアの多数国民はイスラーム教徒である。この現実を少数派の非イスラーム教徒が尊重しないなら、多数派のイスラーム教徒がどうして少数派を尊重するだろう。インドネシアは米国とは違う」

警察が公演許可に慎重な姿勢を示した際の投書には「この決定は政府が（外国の悪影響から）インドネシアの青年を守るという観点から下された決定で筋が通っている」という声もあった。レディー・ガガはイスラーム的価値に対する挑戦であるとするものである。

世俗主義vs.宗教保守

ところでガガ騒動を「米国リベラル（レディー・ガガ）vs.インドネシア・イスラーム」という構図で捉えるのは誤りではないが、もう一歩踏みこんだ掘り下げが必要な気がする。

というのはこの年、彼女のアジア・ツアーで反対が起きたのは、インドネシアが最初ではなく、四月の韓国公演は、キリスト教グループの抗議により、年齢制限を設けたイベントとなったし、五月のフィリピン公演でも同様の抗議活動があり、キリスト教グループがガガを宗教冒瀆者、と非難していたからである。

イスラーム教国ではない韓国、フィリピンでも強い拒否反応があったのだ。これに関連して「ジャカルタ・ポスト」紙（二〇一二年五月一九日）に特異な投書が掲載された。以下、全文を訳出する。

「私はアメリカ人だが、ガガ公演を容認しないインドネシア政府の決定に賛成する立場に立っている。ガガは非難さるべき存在である。米国が内包する全ての邪悪の象徴だ。米国で彼女が公演を開くことが許されているのは、我が国の憲法とその近代的解釈が存在するからである。しかし一七八一年当時の建国の父たちならば彼女の振る舞いを許さなかっただろうし、公衆の面前で公演することを決して許可しなかっただろう。

私は一人のアメリカ人として、世界の心ある人々が彼女の姿勢、行動は（道徳からの）逸脱であると認めてくれたことに感謝したい。彼女を黙らせるべきなのだ。ありがとう、インドネシア！」

キリスト教保守派（と思われる）米国人のガガ批判である。これらガガに対する否定的な声を集めてみると、イスラームのみがガガに反発しているのではないことに気づく。韓国、フィリピンはいずれも米国のキリスト教会と強い結びつきを有し、強い精神的影響を受けている国である。つまり、今回のレディー・ガガのアジア・ツアーは、米国内で激しく闘われている「文化戦争」の国外での場外乱闘という側面を有しているように思える。

「文化戦争」とは、米国において建国以来奉じてきた宗教的価値、伝統的道徳の堅守を主張するキリスト教、ユダヤ教保守主義者と、六〇年代に米国社会が経験した意識革命（人種主義撤廃、性の解放、カウンター・カルチャー等）を推進する世俗主義的なリベラリストたちの、深刻な対立を表現するものである。「アメリカ第二の内戦」と呼ばれるほどの厳しい価値観、宗教意識の亀裂が、米国内部に拡がっているといわれている。

「文化戦争」の最大の争点が、同性愛婚、学校における宗教教育といったテーマである。先に紹介した「ジャカルタ・ポスト」紙に投書した、キリスト教保守派とおぼしき米国人読者がガガへの怒りを露わにするのは、まさしくガガが米国リベラルの立場からメッセージを強烈に発信してきた著名人であるからだ。

特に彼女は、同性愛者への支持を繰り返し述べてきた。彼女が米国で人気を獲得することができたのは、同性愛者のファンとそのコミュニティの支持があったことは広く知られている。音楽活動以外にも、ゲイの人権平等を訴える集会で演説したり、米軍の同性愛者雇用差別撤廃運動に身を投じてきた。

ガガ公演は中止になったが、やはり肌の露出が多いＡＫＢ48やＫポップのコンサートが開催されることは矛盾しているという声もあったが、本当の問題は衣装や踊りにあるのではない。リベラリスト・ガガが発信する価値観がイスラーム教、キリスト教問わず宗教保守派の聖域に踏みこんだのである。ＡＫＢ48にはそのような戦闘的メッセージはない。

これらの問題は、日本で想像する以上に、深い宗教的価値、道徳観の断層の上で発生している問題である。米国の宗教社会学者ハンターは、「文化戦争」は米国のプロテスタント、カトリック、ユダヤ教内部でも保守派とリベラルの対立を生むが、同時に宗派をこえた「保守派」と「リベラル」の横断的連合の結成を促進すると指摘している。今回のガガ騒動では、「保守派」「リベラル」がキリスト教やユダヤ教と同じセム的一神教に属するイスラーム教をも巻き込んで対峙し、それぞれの陣営内での国際的な共鳴を拡げようとしたと見ることができよう。

結局、この騒動は、「欧米vs.インドネシア・イスラーム」というよりも「世俗主義vs.宗教保守」の衝突と見るのが妥当なのではないだろうか。ガガのアジア・ツアーで、宗教保守の勢力が大きくない日本やシンガポールの公演では大きな騒ぎが起きなかったことは、上記見方の傍証となろう。

「寛容性は退潮に転じた」

「文化戦争」とまで言われる対立がイスラーム、キリスト教、ユダヤ教に発生しており、この対立の本質を世俗主義対宗教保守の対立と読み解くこともできる一方、インドネシアではイスラームによる宗教少数派への非寛容も顕著になっていると指摘されている。

だからといって「イスラームは攻撃的、暴力的な教義を説く宗教」と安易に結論づけることなく、侵害行為の背景にある政治・経済・社会的要因や国際政治などをふまえておくことが重要である。

人権組織「スタラ・インスティテュート」によれば二〇一二年にインドネシア全土で三七一件の宗教・信仰の自由に対する侵害行為が発生している。

なぜ「変調」が生じているのか、大きな文脈から考えなければならない。このような観点から興味深い一冊が、シンガポールの有力地域研究機関「東南アジア研究所」から出版された『インドネシア・イスラームの今日：「保守化」への転換の説明』である。その巻頭概説にて編者のユトレヒト大学マルティン・ファン・ブリュネッセン名誉教授は、「強圧的ながら世俗近代化を推進したスハルト政権下で、少数の原理主義者を除いて、インドネシア・イスラームの主流をなしたのは、リベラル、寛容、開放的な言説であった」と述べている。そして一九九八年にスハルト政権が倒れ、民主化が進行し、リベラル、保守入り乱れた様々な議論が交わされた時代がしばらく続いた後、今日まで続く保守派優勢傾向が明らかになってきたのが二〇〇五年頃、と彼は論じている。この時期に有力イスラーム組織の指導部においてリベラル派勢力が弱まり、「世俗主義、多文化主義、宗教的リベラリズムはイスラームと両立しえない」というファトワー（裁定）が下されたりしたのだ。

イスラームにおける「思想のねじれ現象」

ところで、イスラームの「保守派」「近代派」「リベラル派」という用語の使い方に説明を加えておきたい。

そもそも二〇世紀初頭、西洋近代文明の圧倒的な力を前にして、旧態依然たるイスラーム文明に科学、理性、合理性を取り入れようというのが「近代派」、これまで継承されてきた教義、伝統、習慣を重視するのが「保守派」であった。

注意を要するのが、イスラームの「近代派」「保守派」が奉じる価値観が、欧米の「近代派」「保守派」のそれとは合致しないという点である。一般に欧米では「近代派」は柔軟、未来志向で、一方「保守派」は規律重視、伝統志向というイメージで語られがちであるが、インドネシアの実情は必ずしもこれにそぐわない。

インドネシアを含むイスラーム世界では、イスラーム近代改革派は合理主義、科学重視であると同時に、従来のローカルなイスラーム信仰には、コーランには書かれていない「不純な教え」が混入しているとして「コーランに戻れ」と、「近代派」は現実への妥協を認めず、過去の「原点回帰」を主張する。

インドネシアの文脈で考えた場合、イスラームが渡来する前に存在した仏教、ヒンドゥー教や自然崇拝、偶像崇拝と融和したイスラームは、本来のあるべき姿からの逸脱と捉えられ、日本の神仏分離、廃仏毀釈のような運動が近代派によって行われたのである。つまり個人の信仰の自由や、異なる宗教との共存、友愛を重視する西洋近代的価値観とは相いれない対応が、イスラーム近代改革派の一部によって主導されたということだ。「純粋な」イスラーム国家の樹立をめざして暴力行使も辞さない過激な主張がイスラーム近代改革派のなかから登場しているのは、第二章のプサントレン・ゴントールに関する箇所で述べた通りである。

他方、二〇世紀後半に入ってインドネシアのイスラーム保守派のなかで自己改革が進められる中で、異なる宗教、価値に対する寛容の思想を、ローカルな伝統イスラーム信仰から汲みとろうという主張が、NUのような保守派組織に属する知識人、青年活動家から唱えられるようになる。つまりイスラーム近代派のなかから排外主義的動きが出て、イスラーム保守派のなかに西洋でいうところのリベラルが唱道する共生思想が育ってくるという「思想のねじれ現象」が生じている。

以上見てきた通り、インドネシア・イスラームと西洋は異なる思想状況にあることから、「保守派」「保守化」という用語は混乱を招く。したがって本書では以後「保守派」「保守化」という言葉を用いるのは控えることとし、文脈に応じて「非寛容派」「非寛容化」「厳格化」等の用語を用いることとする。

やや余談になるが、西洋近代の幕を開いたのは、中世カトリック教会の堕落、不純を糾弾し「聖書に戻れ」と叫んだルターやカルバン等の宗教改革者であった。今日の言葉でいうところの「原理主義」的な原点回帰思想から近代が始まったのは、歴史の逆説というしかない。

なぜ「寛容性の危機」が生じているのか

ここで本旨に戻ってブリュネッセン教授が言及した、二〇〇〇年代にイスラーム指導層主流が「厳格化」し、宗教的寛容性を失いつつあるとされる原因について検討してみたい。

二〇〇四年に建国史上初めて直接大統領選挙が行われ、一九九八年のスハルト退陣以降、試行錯誤の連続だったインドネシア民主化は、一つの峠を越えた。

こうした「民主化の進展」という政治面での変化に着目して、「イスラーム国家の樹立をめざすイスラーム過激派を軍事・警察力で抑え込んできたスハルト大統領の強権的体制が崩壊した民主化にともない、イスラームに対する世俗主義政府のタガが緩み、世俗主義に敵対意識をもつイスラーム勢力が台頭した」という説がある。

しかし、この「イスラームが非寛容な方向に傾斜する主因は、イスラームをコントロールできない軟弱な民主政治」という説は、「インドネシア・イスラームはそのまま放置しておくと非寛容、排外的」という前提があることによって成立する議論である。しかしインドネシアのイスラーム史を見る限り長く歴史のなかで主流となってきたのは、現地の慣習、信仰に柔軟に折り合ってきたイスラームであることを考えると、「インドネシアのイスラームは本来非寛容」という前提が成り立たない。

政治的要因がイスラームの非寛容を招いているとしたら、どのような説明ができるだろうか。

スハルト政権がその末期、水面下の治安対策において一部イスラーム強硬派を手駒として使う政策をとっていたことは、イスラームが問題なのではなく、世俗権力によるイスラーム悪用という見方に論拠を与える。

ここでポスト・スハルト時代に発生しているイスラーム非寛容化に関するキーワードとなるのが、「グローバリゼーション」と「民主化疲れ」である。

一九九〇年代からのIT通信技術の発達（「情報のグローバリゼーション」）は、国境を越えて世界中のイスラーム教徒が、これまで以上に一体感をもって結びつく情報環境を作り出した。そうした環境下で発生した二〇〇一年の米国同時多発テロ事件、その後の米国による対アフガニスタン、イラク戦争は、インドネシア国民のイスラーム同胞意識を刺激し、欧米諸国がイスラーム同胞に対して不当な攻撃を仕掛けているという反米感情を高めさせた。

そのような感情を抱き、改めてグローバリゼーションに伴う民主化と国際的な経済相互依存と経済成長によって急速に変貌していくインドネシア都市社会の現状を見たとき、西洋近代の世俗主義がジャカルタ他大都会に浸透し、自分たちの倫理、道徳を弱体化させているかのような危機意識をイスラーム指導層のあいだにもたらしたのではないだろうか。

また富裕な中東諸国の政府、財団からの援助がインドネシアのイスラーム組織に流れこむという「資金のグローバリゼーション」も、指導層の「厳格化」を加速させる要素となっている。これらの資金を得て中東の大学に留学したインドネシア青年たちは、ワッハービズムと呼ばれる厳格なイスラーム教義を学び、「本場の教えを学んだ」留学帰国者がイスラーム組織内で信仰を厳格化させる方向で影響力を行使している側面を見逃せない。

2　強権が支配した時代へのノスタルジー

スハルト・ノスタルジーと民主化疲れ

インドネシア社会が非寛容な方向に傾斜する背景には、宗教の文脈とは別に、一〇年以上におよぶ民主改革に対する幻滅、「民主化疲れ」ともいうべき感情が生まれていることも一因としてあげられる。外からはインドネシアの民主主義は二回の直接大統領選挙を通じて、社会に定着し発展を遂げているように見えるが、克服できていない課題も多い。

ふりかえってみると一九九七年のアジア通貨危機、九八年のジャカルタ大暴動とスハルト政権崩壊、二〇〇二年と〇五年のバリ島爆弾テロ、〇四年インド洋大津波、〇五から〇六年の鳥インフルエンザ流行と一〇年ちかく社会混乱と自然災害に見舞われ続け、評価を下げたインドネシアであったが、二〇一〇年あたりから再評価の動きが国際的に高まってきた。

インドネシア再評価の転換点となった二〇〇五年から一一年の六年間は、ユドヨノ大統領の統治期間と重なる。それゆえに国際社会のインドネシア再評価に比例して、ユドヨノ大統領の政権運営手腕に対する称賛の声が海外から寄せられていた。

他方、インドネシア経済の躍進とユドヨノ大統領評価の声が国際社会において高まっていたにもかかわらず、インドネシア国内にあっては二期目のユドヨノ政権に対する批判が飛び交っていた。曰く、生活必需品の値上げ・物価高、政府高官・役人の汚職蔓延（たとえば政権末期に宗教省大臣が巡礼預金の不正流用の疑いで容疑者となり辞任）、経済格差の拡大、決められない政治云々。

外から見れば、右肩上がりの経済成長によって未来が明るくみえるインドネシアで、この国のありようへの不満の声が渦巻いていた。軍部独裁が終わり、自由にものが言えるようになり、誰しも平等に大統領を選ぶ機会が与えられたにもかかわらず、民主化への期待は萎み、連日報道される高官の汚職摘発報道に「民主化疲れ」とでも呼ぶべき徒労感が漂っていたのである。

そんな現状への不満の鬱屈が蓄積されているなかで、こうした鬱積が「昔はよかった」という気分と結びつき、民主化によって打倒されたはずのスハルト軍部独裁体制時代を懐かしむ風潮がインドネシア社会のなかで目立つようになってきた。

ジャカルタの街の中心、独立記念塔の前やタマン・ミニ・インドネシアのみやげ物売り場には、「私の時代は良かっただろう?」と手をあげてほほ笑むスハルト第二代大統領のTシャツが並んでいる。私の周囲にも、Tシャツの呼びかけに応えるように、「スハルト時代のほうが社会はピシッとしていて、仕事しやすかったし、治安も良かった」と公言するインドネシアの知人がいた。書籍売り場では、彼の伝記など「スハルトもの」の占めるスペースが拡がっているように見える。

確かにスハルト政権下にあって経済開発は進み、中間層が拡大していた。しかし一方で役所に腐敗と縁故主義が拡がり、治安当局による人権侵害が繰り返されるにともない、貧しい者が抱く閉塞感は深まっていたのがスハルト時代であり、こうした陰性の政治体制への怒りの爆発が、当時盤石と思われたスハルト政権の崩壊をもたらしたのではなかったのか。

公権力の腐敗や縁故主義など現在「問題視」されている問題のほとんど全てが、スハルト時代にも深刻だったことを考えると、どうして「昔は良かった」となるのか理解に苦しむところである。しかしスハルト・ノスタルジー現象をオブラートに包んでいるのは、一昔前の過去への懐かしさという甘美な情緒にほかならず、緻密な史実の考証作業に基づくものではない。

それではどのような状況において、人々はノスタルジックな感情を刺激されるのか。

国内的には「開発の父」と呼ばれ、国外から「開発独裁体制」の中核と見られたスハルト大統領の時代に、インドネシアでは今日まで続く巨大な社会変容が始まった。伝統的な村落社会から工業化社会への転換、地縁・血縁社会の解体と農村から都市への人の移動、新中間層の拡大、海外への労働者送り出しなどである。

そうした社会変容によって獲得したものは大きいが、同時に失ってしまったものも大きい。先祖伝来の土地に根ざし、共同体の一員として生きる伝統的な暮らし、帰属感もその一つだ。このような喪失は、実はスハルト時代から本格化していたのであるが、中高年世代のあいだには、今との比較において、スハルト時代にはまだ「古き良き隣人とのつきあい」があったことのみが記憶されている。社会変容が大規模であればあるほど、過去へのノスタルジーも強い思念となる。

プラボウォ旋風の背景

インドネシアの二〇一四年大統領選挙で選挙民の投票行動に無視できない影響を与えたのが、スハルト・ノスタルジー現象である。

この選挙では旋風が吹いた。勝利者のジョコ・ウィドドではない。敗者プラボウォの旋風である。

半年前には泡沫候補に近い扱いさえ受けていたプラボウォが、圧倒的な人気を誇っていたジョコを猛追し、接戦にもちこんだ要因には、よく言われるように、政党、宗教団体、組合等既存の集票マシーンが機能したことや、あざといまでの中傷キャンペーンが一定の効果を発揮したことを挙げることができよう。

こうした手法は、苦い過去の記憶を蘇らせる。プラボウォは、スハルト政権の末期に国軍幹部としてイスラーム組織を悪用し、反華人、反クリスチャン感情を煽り甚大な人権侵害をひきおこした人物である。

にもかかわらず本来ジョコが得意としていたはずの国民感情、国民世論を獲得する競争で、プラボウォは主導権を握った。

スハルト政権下のエリート軍人時代の人権侵害ゆえに、世論獲得競争において、クリーンな民主的市民派ジョコと比べてハンディが大きいはずのプラボウォが、いかにして互角の戦いを演じたか。この大統領選挙の最大の意外性は、プラボウォがその弱点を強みに変えたことにあったのではないだろうか。

ここで選挙民の投票行動に影響を与えたと思われるのが、スハルト・ノスタルジーである。スハルト・ノスタルジーで大きく得点をかせいだのがプラボウォだ。九八年の政権崩壊以来、否定されるべき対象であったスハルト大統領の時代を懐かしむ風潮が近年インドネシア社会に拡がってきた。これに着目し自らを「強い指導者」と演出することで、プラボウォはスハルト・ノスタルジーを味方につけることに成功したのである。

そして、スハルト・ノスタルジーが浸透する原因が、単に現政権への不満や民主化疲れにとどまらず、近代化、開発による根源的な社会変容、これにともなう社会的紐帯の喪失感、社会の基本的価値の揺らぎへの危機感に根ざしているとしたら、プラボウォ旋風は、インドネシア社会の「イスラーム化」潮流と連動しており、この国で今、大きな転換が起きつつあるのを示す前兆といえるのではないだろうか。

そして、このように民主主義への倦怠感、社会的絆の喪失感などと書き連ねると、なにやら二〇一六年の米国大統領選挙で波乱をまきおこしているトランプ旋風と共通するものがあるように思えてくる。

猛威を振ったプラボウォ旋風は、これまで民主化を牽引してきた中間層の民主化疲れという歴史の踊り場にインドネシアが立っていることを意味するのかもしれない。そしてこのことが、「イスラームの寛容性」が危機を招いている背景にあるように思われる。

3 イスラームを社会資本に

防災文化において宗教が果たす役割

寛容の伝統を守りうるのか、非寛容の道を歩むのか。

インドネシアのイスラームが岐路に立つ中で、今後のイスラームのあり方のカギを握ると思われるのは、イスラーム教義を現実にあわせて解釈していく力である。イスラーム神学的には「イジュティハード」と呼ばれ、イスラーム学者がコーランの章句を解釈していく行為を指す。イスラーム法の歴史において「イジュティハードの門は閉ざされた」として、解釈行為は長く禁じられてきた。しかし近代に入ってイスラームの停滞に対する危機感が高まるなかで、イスラーム法を現代に適合させるために、イジュティハードを可とする流れが強まっていった。

解釈する力によって、イスラームを現代に生きる人びとの行動を束縛するものではなく、より良い社会を作るための社会資本にしていこうという試みが、様々な分野で始まっている。これは、インドネシアが寛容なイスラームであり続けるために大きな意味をもつものと思われる。イスラームを社会資本にしようと試みる具体的な実践事例を二つほど紹介したい。

第一は防災に関するイスラーム教義の解釈である。

インドネシアのなかで最も厳格なイスラームが奉じられているのが、インドネシアの最西端、スマトラ島のアチェ特別州である。アチェ州議会は、インドネシア国内で唯一コーランやハディース（預言者ムハンマドの言行録）を根拠とするイスラーム法に基づく宗教条令を定めているが、近年その適用がより一層厳格化している。

二〇〇二年に、公共の場において女性のヴェール着用を義務付けられ、男性の半ズボン着用が禁じられており、イスラーム法が守られているかを監視するシャリーア（イスラーム法）警察が取り締まりを行っている。シャリーア警察は州内の見回りを強化しており、ヴェールを着用していなかったり、ジーンズを着ていた非イスラーム教徒女性がヴェールを着用するよう注意を受けたりしている。シャリーア法を非イスラーム教徒にまで適用するのは人権侵害だと批判の声もある。

アチェは、二〇〇四年のインド洋大津波で壊滅的被害を受けた地域でもあり、復興と防災の取り組みが今も続いているが、硬直的なイスラーム理解は防災取り組みの足かせにもなっている。国際交流基金ジャカルタ日本文化センターが企画した大学生の防災コンペに参加した、アチェの女子学生は今、ぶつかっている壁について語った。

環境問題、防災の社会啓発に取り組んでいるのだが、地域住民の反応がよくない。敬虔なアチェ住民は、「自然災害は自然の法ゆえに、神の意志によって発生するもの」「それを人間が防災対策によって抗っても仕方ない。我々にできるのは、ただ祈ることのみ」と考えており、防災訓練に参加してくれないのだという。「津波は、神をないがしろにすることへの天罰」という言葉が防災ボランティアに浴びせられることもあるという。このような状況を鑑みると、アチェ社会に防災文化が定着していない原因の一つは、頑迷なイスラーム理解にあるという見方もできる。

しかし、これはイスラームだけの問題ではない。キリスト教、仏教など他の世界宗教の歴史においても、大災害が発生する度に、「天からの災いである天災は、神の人間に対する怒りである」という声がくり返し湧きおこってきた。日本の災害史をふりかえってみると、日本もその例外ではないことは明らかだ。

ここで重要になってくるのは、宗教が人びとの行動を束縛しているのならば、それを解き放つことができるのも、やはり宗教であるということだ。イスラームの教義そのものに防災の教えがあると解釈していく力が求められている。

そうした試みが、すでにイスラーム世界で行われている。たとえばインドネシアと同じく地震多発イスラーム国イランに所在する地震工学・地震学研究所の科学者ガーフォリ・アシュティアニィ教授が、イスラーム教義による防災の社会啓発活動に関する論文を発表している。

彼のイスラーム解釈を要約すると、防災はイスラーム教義において「不断の努力により、神が定めた自然の法則を認識し学び活用することを、神は人間に求めている。それゆえにイスラームは科学を重視するのである。科学を通じて地震メカニズムを研究し、防災に活用していく道をいくか、これを怠る無明《むみょう》の道を歩むか、神は人間の自由意思に委ねている」と位置付けることができる。

インドネシアの防災に取り組む若者たちのなかにも、イスラーム教義を積極的に解釈することで、住民の防災意識改革の源にしていこうという動きが見られる。

一例をあげると、上記国際交流基金防災コンペにバンドンから参加したチーム「コルサ2」は、大学キャンパスにおける宣教活動「ダッワ・キャンパス」の、そして九〇年代においては民主化運動の拠点となったバンドン工科大学サルマン・モスクの学生ボランティア・グループである。「コルサ2」は、全国津々浦々に拡がるイスラーム・ネットワークを生かし、各地のモスクを地域の防災・災害救援の拠点基地として活用するモデルを作ろうとしている。すでに西ジャワの火山山麓のモスクで、地元青年との防災訓練や防災マッピングを行った。

イスラーム住民にとって心の拠りどころであるモスクこそが地域のコミュニティー・センターであるとの考え方から、上からの押し付けの防災教育ではなく、地域住民とともに考える防災のあり方を、彼らは模索していた。

見市建氏によれば、サルマン・モスクの中では、「イスラームの基本的な教義や概念以外に個人としての道徳性、家族と社会の中におけるムスリムとしての役割が重視され、つまりは社会的なコミットメントの重要性が強調されている」という。欧米社会の社会貢献活動の背骨にキリスト教の教義が重要な要素として存在するのと同じ機能をイスラームが果たしているのである。

サルマン・モスクに集う学生達は、「イスラームは狭い意味における宗教に限定されるのではなく、生活のすべてに関わる包括的なシステムである」という考え方に基づいて、貧困層に対する医療、教育、小規模資金貸付の提供などを通して、教育の重視、科学・技術の社会普及を目指している。すなわち、イスラームという宗教が、災害からの復興や防災に強い社会を構築していくための社会資本となっているといえよう。

元テロリストによるコーラン解釈

イスラームを社会資本とする実践例の第二は、青年たちを過激な暴力に向かわせないためのコーラン解釈である。

第一章においてテロ組織ジェマ・イスラミア元幹部で転向したナシル・アッバースについて触れた。その著書『爆弾テロ首謀者イマム・サムドラとノルディン・トップの思想と対決して』では、実際にコーランの章句を引用しながら、テロ組織幹部たちがいかにコーランを歪んで解釈してきたかを例証し、イスラームが暴力を説く教えではないことを示そうとしている。同書における彼の主張の一部を紹介しよう。

アッバースは、バリ島爆弾テロ事件首謀者イマム・サムドラがその著書のなかでバリでのテロ行為を正当化するために、コーラン章句を断片的に引用し、都合よく解釈していると批判する。問題の章句は以下の二つである。

誰でも、あなたがたに敵対する者には、同じように敵対しなさい。（雌牛章一九四節）

もしあなたがたが罰するなら、あなたがたが悩まされたように罰しなさい。（蜜蜂章一二六節）

この章句を引用しながら、イマム・サムドラが確信に満ちた語り口で、敵の「女性、子ども、民間人を殺害することは正当、正義、バランスのとれた行い」と説いていることに、アッバースは異を唱える。米国とその同盟軍が多数のイスラーム教徒市民を殺害している状況にあって、イマム・サムドラは「市民には市民を！」と唱道し、米国とその同盟国の市民を殺害することは「バランスがとれており」、「バリの爆弾ジハードは、理由なくでたらめに行われたわけではない」と主張する。

「そんなことがあってたまるか！」とナシル・アッバースは叫びかえす。

バリ島爆弾事件の現場に居合わせて犠牲となった人びとの中には、イマム・サムドラが主張するイスラームの敵対者、米国とその同盟軍である豪州国民以外の様々な国籍の人びとが含まれていた。なぜ米、豪以外の人びとが殺されないといけないのか。よしんば米、豪国民であっても彼らが民間人で、政府の対中東政策に反対する意見をもつ人びとであるならば、なぜ彼らが政府政策の責任を負わされないといけないのか。

そもそも米政府が掲げた対イラク戦争の大義が虚偽に満ちたものであることを暴いたのは、同じ米国の民間人だったのではないか。

「米国の民間人もまた戦争に加担したのであり、その責任を負わねばならない」というイマム・サムドラの主張は粗雑な議論、とナシル・アッバースは非難する。

イマム・サムドラが引用したコーラン章句は、イスラーム刑法の同害報復刑（キサース刑）を指す箇所であるが、ナシル・アッバースはキサース刑法の専門家でもないイマム・サムドラが意図的にコーランを断片引用し、彼に都合の良い解釈を加えていると告発するのである。イマム・サムドラが引用した章句全体は、以下のようになっている。傍線部分をイマム・サムドラは引用からはぶいている。

聖月には聖月、また聖事には聖事、これが報復である。誰でも、あなたがたに敵対する者には、

同じように敵対しなさい。だがアッラーは、主を畏れる者と共におられることを知れ。（雌牛章一九四節）

もしあなたがたが罰するなら、あなたがたが悩まされたように罰しなさい。だがあなたがたがもし耐え忍ぶならば、それは耐え忍ぶ者にとって最も善いことである。（蜜蜂章一二六節）

イスラーム刑法の権威によれば、これら章句が意図するところは際限なき報復のくり返しを抑止することを意図するものであり、だから報復の句の後に、「だが」という留保を示す言葉が続き、さらにそれぞれ「アッラーを畏れなさい。本当にアッラーは、主を畏れる者と共におられることを知れ」「あなたがたがもし耐え忍ぶならば、それは耐え忍ぶ者にとって最も善いことである」と書かれているのである。

それゆえに、同害報復は、「加害者に対してのみ」、「被害者もしくは被害者の後見人のみが」、「加害行為と同じ道具を用い」、「加害行為と同じ方法」という条件に基づいて執行されなければならない、というのがキサース刑法の権威の意見である。

したがって、加害者以外の、加害者の両親、子ども、身内に対して報復を行うことは許されておらず、ましてや同国人であるというだけで加害者と血のつながりがない者に対して害をなすのは、神が定めた法から逸脱する行為であり、イマム・サムドラは完全にイスラームの教えに背く犯罪に手を染めているのだからこれに従ってはならない、とナシル・アッバースは説いている。

さらにナシル・アッバースは、イマム・サムドラの「イスラーム教徒が耐える時は終わった。今こそイスラーム教徒は異教徒との戦争に立ちあがるべきだ」という国際情勢認識、戦争観も、彼の歪んだコーラン理解に基づく断片的なものであり、これに惑わされて扇動にのってはいけない、と主張する。

他方イマム・サムドラは、コーラン悔悟章五節「多神教徒を見付け次第殺し」を引用する。このみを読むと極めてサディスティックな教えという印象をもつが、この五節全体を引用すると以下の通りであり、全体を読むと殺戮のみを説いているのではないことが理解できる。


聖月が過ぎたならば、多神教徒を見付け次第殺し、またはこれを捕虜にし、拘禁し、また凡ての計略（を準備して）これを待ち伏せよ。だがかれらが悔悟して、礼拝の務めを守り、定めの喜捨をするならば、かれらのために道を開け。本当にアッラーは寛容にして慈悲深い方であられる。（悔悟章五節）

さらにイマム・サムドラは、同じ悔悟章一四節「かれらと戦え。アッラーはあなたがたの手によって、かれらを罰して屈辱を与える」を引用するのだが、この節の前と後には以下の章句がある。

あなたがたは自分の誓いを破り、使徒を追放しようと企てた者たちと戦わないのか。かれらは最初にあなたがたを攻撃したのである。あなたがたはかれらを恐れるのか。いや、信者ならばアッラーをこそ、もっとも畏れるべきである。（悔悟章一三節）

またアッラーはかれらの心中の激怒を除き、御心に適う者の悔悟を赦されるであろう。アッラーは全知にして英明であられる。（悔悟章一五節）

すなわち、コーランが「戦え」と説いているのは、先制攻撃を受けた時の防衛戦争であり、全ての戦争を無条件に是としているわけではない。また「赦す」ことも神の意志であるとしている。このようにコーランは文脈を理解しながら読まないと、誤読する危険性があるので、個人が都合よく勝手に解釈してはならず、イマム・サムドラの扇動にのるな、とイスラーム同胞に訴えているのだ。

大多数がイスラーム教徒とはいえアラビア語で書かれたコーランのテキストを読みこなせるインドネシア国民は限られている。それゆえにいかにも知識のありそうな宗教指導者が自信ありげに「聖典にこう書いている」と強く主張すると、たやすく信じてしまうような風潮がこの国には存在するのだ。

以上、イマム・サムドラに対するナシル・アッバースの批判を紹介してきたが、あらためて感じるのは、「インドネシアのイスラームが非寛容な方向に向かう」背景には、「グローバリゼーションの衝撃」が存在しているということだ。国家、国境をこえてヒトや情報が行きかうなかで、「イスラーム同胞」というアイデンティティーが意識されるようになり、中東でのイスラーム教徒の苦境を我が痛みのように感じる若者の耳に、死刑台の闇に消えたイマム・サムドラの声は、神への導きの声のように聞こえてくる。

「グローバリゼーション」において、言語がどのような機能を果たしているのかを考察することも重要だ。通信技術の発達により、インドネシア国内にも英語やアラビア語の情報が膨大かつ簡単に入ってくるようになり、国家が情報を独占管理する状況ではなくなった。インドネシアの国民教育水準があがり、これまで一部のエリートしか理解できなかった英語、アラビア語など外国語の情報を普通の人びとが読み、解釈し、判断できるようになった。こうして外国語情報の影響力が飛躍的に高まった。インドネシア国内でＩＳシンパが増えているのは、こうした情報環境の変化が起きていることも一因である。

同時にグローバリゼーションの進展は、それぞれの国家において「自分たちの拠って立つ社会的基盤が危機に瀕している。伝統を守れ！」というアイデンティティーにおける危機感情を生み、これが過剰なナショナリズムを生むという逆説も生じている。

また英語をはじめとする外国語情報の大量流入は、インドネシア国民の一部に危機感を抱かせ、彼らはインドネシア語という言葉の壁を築き、インドネシア語の閉鎖的な情報空間のなかで、外国人、社会の少数派に対する敵対意識を発酵させる。こうした閉鎖的な情報空間こそが、テロ組織がこの国で橋頭堡を築くための絶好の場になる。

とはいえこの地域にイスラームが伝播して以来の長い歴史をふりかえれば、イスラーム内部において急進派勢力が主流となったことは一度もない。本来多民族・多宗教国家インドネシアは復元力をもつ社会であり、それゆえにＩＳが唱える暴力によるイスラーム国家樹立といったような極端な方向に向かう可能性は低いと考える。「イスラーム化」するインドネシア社会において、グローバリゼーションの副作用から生じる非寛容のベクトルに抗い、寛容の伝統を取り戻す復元力、その源になるのが、イスラーム教義を現代世界の変化に応じて創造的に適用し、社会資本へと変えていく「解釈の力」なのである。

第四章　インドネシアのイスラーム外交の新潮流

1 イスラーム外交の強化を求める声

対外発信を求めたインドネシア国会

ここまでインドネシア国内の「イスラーム化」について論じてきたが、本章では、この現象がインドネシアの外交にどのような意味を有するのかに焦点をあてる。

ASEAN一の大国インドネシアの動向は、東南アジアのみならず、アジア、そして世界に少なからぬ影響を与えるが、宗教という観点からインドネシア外交を分析する試みは、従来あまり多くなかったように思える。その理由の一つは、世界最大のイスラーム人口を抱えるとはいえ、独立以来この国の外交を担ってきたのが世俗主義的な政治権力であり、彼らはインドネシア外交にイスラーム色が滲んでくるのを意図的に避け、「イスラーム革命の輸出」を推進しようとした八〇年代イランのような外交を展開しなかったことにあろう。

しかし、昨今の国際情勢からインドネシア政府は否応なく外交政策において、イスラームという要因をプラス・マイナス両面から検討せざるをえなくなってきている。特にISが台頭し、中東のみならず世界各地でテロを扇動し始めた二〇一四年から一五年の国際情勢は、一九九一年の湾岸戦争や二〇〇一年の米国同時多発テロ事件が発生した時のような息苦しさを、インドネシア政府、国民に感じさせ始めている。

二〇一五年二月、フランスでイスラーム過激派グループによる「シャルリー・エブド」誌襲撃テロ事件が発生した翌月のことである。インドネシア国民議会防衛外交情報委員会において、ルトノ・マルスディ外相が「今後インドネシア外交は地域的にも国際的にも積極的な役割を果たしていく」と言明し、さらに外務省広報パブリック・ディプロマシー局エスティ・アンダヤニ局長も、「テロとの戦いにおいて、ASEAN域内青年たちのあいだに寛容性を育てるために、宗教間対話を計画している」と述べた。同局長は、同種のASEAN・欧州間青年交流を企画していることを付け加えた。

これら外交当局者の説明に対して、国民議会で野党ゴルカルに属するタントウィ・ヤヒア議員が「それでは不十分。『イスラームこそが暴力の根源』という西洋の批判にさらされているイスラーム諸国が我々（インドネシア）を頼ってきている。もはや様子見を決め込んでおとなしくしている立場ではない」と注文をつけた。イスラーム政党である国民覚醒党のイダ・ファイズイア議員もタントウィに同調して、外務省は世界に向けてイスラーム理解促進のための発信を強化すべきであるとして、「ISは真のイスラームではないということを世界に納得させるため、インドネシアは先頭に立たねばならない」と主張した。

こうした国会議員たちの発言の鼻息の荒さは、昨今のイスラーム過激派勢力によるテロ続発、欧米諸国でのイスラーム嫌悪感情の拡大という国際情勢をめぐって、インドネシア国民が感じている息苦しさの裏返しのようでもある。

二〇一四年一〇月のジョコ・ウィドド政権の誕生は、インドネシアの外交力、特にパブリック・ディプロマシー（広報文化外交）が強化されるのではないかという期待を、国民のあいだに高めたが、ここに来て、「イスラーム外交」ともいうべき新しい外交の強化が新政権の課題として浮上してきた感がある。

といっても、「イスラーム外交」という表現は、この国の外交官や国際政治の専門家のあいだで定着しているわけではない。インドネシアの「イスラーム外交」という言葉から、以下のような考え方を抽出することができよう。

① インドネシアの国益を増進するために、宗教（イスラーム）を外交資源として活用する国際交渉、広報、国際交流

② 中東、北アフリカ等のイスラーム圏諸国に対する国際交渉、広報、国際交流

③（より短期的、今日的課題として）昨今のイスラーム過激派勢力によるテロ問題に対する外交対応。さらに国際社会に対して、インドネシアのみならず、イスラーム圏国家を代表して、その立場を説明し、ＩＳによる「イスラーム」のイメージダウンを最小限に抑え、インドネシアへの理解を得るための国際交渉、広報、国際交流

イスラームを、外交の「資源」とみなすのか、外交が克服すべき「課題」と捉えるのか、①と③は対照的な関係にある。この二つの対照的な考え方のあいだで、自信と不安がないまぜになって複雑な外交が進められている。

イスラーム指導層の内向き議論

国際情勢は、中東での過激主義台頭を抑え込むことにとどまらない、大きな課題を世界にもたらしつつある。頻発するイスラーム過激派勢力のテロ、それに反発する極右、排外主義の台頭が、世界各地の多文化主義を根底から揺るがしているという点である。多民族・多宗教国家インドネシアも、この危機から無縁ではない。

この点から注目されたのが、二〇一五年二月に開催された「第六回インドネシア・イスラーム教徒会議」である。「インドネシア・ウラマー評議会（MUI）」が主催した会議だが、イスラーム過激派勢力による衝撃的なテロ事件が続いている海外情勢を、インドネシアの有力イスラーム指導者たちはどのように考えるか、ひと皮むけた視野の大きな提案が出てくるのか、内外の目が注がれた。

しかし、その勧告には国際情勢に主体的に関わっていこうという前向きな言及が弱く、国際派イスラーム教徒を失望させた。

七項目の勧告に含まれていたのは、インドネシア国内のイスラーム教徒の団結、イスラーム法や国内イスラーム文化と両立しえない〔外来〕文化の拒否、文化・経済分野の過剰な「開放」のせいでイスラーム的性格が損なわれていることへの懸念、海外、特にアジア諸国に在住するイスラーム同胞への差別を改善するための政府による保護策強化等であり、どちらかといえば内向きの表明という印象を受ける。MUIは、ISの台頭について語らず、「国内イスラームの団結」と言いながらインドネシア・イスラーム内部の少数派であるシーア派やアフマディーヤ派の代表を招かなかった。

上述した国会においてイスラーム外交の強化を求める国会議員は、インドネシアのイスラームを「土着の文化、生活と融合した、穏和で、寛容な信仰であり、長く異なる文化、宗教と共存してきた」という前提に立って、議論を展開した。しかし近年「インドネシア・イスラームの寛容性」に対して疑問符がつくのは第三章で述べた通りで、異なる宗教に対する圧力・ハラスメントや国内イスラーム少数派のシーア派、アフマディーヤ派への暴力が増加している。

外交が対外的に説得力をもつか否かという点において重要なポイントの一つは、その主張が事実に基づいているか、主張と行動のあいだに乖離がないか、国内向け言説と対外向け言説に一貫性があるか、すなわち信頼性の高さといってよい。「イスラームという宗教は異なる信仰・価値を有する人びととの共生の妨げにはならない」と主張するインドネシアの「イスラーム外交」。この主張が国際社会の支持を獲得するためには、まず国内において、イスラーム教徒自身が多文化・多宗教共生の実質を自らに問いかけることから始めないといけない。

「イスラーム」を前面に押し出さなかった従来の外交

ところでこの国独立以来の外交史をふりかえってみると、「イスラームを外交資源として活用」することに、政府指導者は慎重な姿勢をとってきた。

その理由はインドネシア国家の自画像にある。インドネシアの国是「パンチャシラ」は第一に「唯一神への信仰」を国家統合の基本原理とする。すなわち、「宗教」はインドネシア統合の重要要素であるが、必ずしも「宗教」をイスラームに特化していない。別の言い方をすればインドネシアは「世俗主義国家」でもなければ、「イスラーム国家」でもない「多宗教国家」ということになる。したがって「インドネシアはイスラーム国家」という自己認識は、国是に抵触するし、外交資源として「イスラーム」を持ち出すと、かえって国家統一を弱体化させるリスクを伴う。

国立イスラーム大学ジャカルタ校のアジュマルディ・アズラ元学長は次のように指摘している。「インドネシア政府は外交政策において、イスラーム要素を強めないよう一貫した姿勢を取り続けてきたように見えるが、イスラーム教徒の権益を保護することに真剣に取り組んだ事例も見られる。かくしてインドネシア政府は、その外交政策において、イスラームに対してある種あいまいな姿勢を取っている」(『インドネシア、イスラームと民主主義』)

こうしたあいまいな外交政策から、イスラーム諸国会議機構が一九六九年に設立された際、インドネシアは使節団を派遣するも公式加盟せず、その後も一〇年以上加盟を見送り続け、国内でイスラーム意識が高まった八〇年代に入って、やっとメンバー入りしたほどだ。

「イスラーム外交」の強化を求める国会の議論は、以前と比べて外交においてイスラームの占める位置が変わってきたことを実感させるが、イスラームを外交資源として積極活用してこなかったこれまでの伝統的な外交政策から、発信に関するノウハウ、技術は蓄積されているとは言い難い。

二重のコンプレックス

上記に加えて、インドネシアがこれまでイスラーム外交を積極的に発信しなかったこと、そして発信が下手であることの背景の一つとして、この国の指導者たちが内面奥深くに抱えている二重の劣等感の存在をあげることができるかも知れない。

第一のコンプレックスは西洋に対してである。近代以降、欧米列強の圧倒的な文明力によって、イスラーム諸国はかつての輝きを失い、植民地化され屈辱的な支配を受け入れねばならなかった。イスラーム教徒が大多数を占める植民地の一つとして、インドネシアの独立指導者たちも、「イスラームは近代から取り残された」という焦燥感に苛まれてきた。彼らにとって、日本が近代化のモデルとなったのは、欧米文明に属さない地域でも、近代的な国民国家を建設することができるという希望を見出すことができたからである。

二〇一三年に観たインドネシア映画にも、こうした劣等感が通奏低音のように流れているように思えた。

近年インドネシア映画界では社会のイスラーム化の反映なのか、「宗教モノ」というジャンルが流行っていて、イスラーム的価値観、ライフスタイルを肯定的に描いた映画が続々と製作されている。代表的な作品が、エジプトに留学したインドネシア留学生の恋愛模様を描いて二〇〇八年に大ヒットした「愛の章句」だが、ここで取り上げるのは欧州に留学したインドネシアの若いカップルを主人公とする作品「欧州の空に輝く九九の光」である。

主人公の、ウィーンに暮らすインドネシア人ジャーナリストの妻と留学生の夫が、イスラーム教徒であるがゆえの文化摩擦やハラスメントを体験しながら、トルコ人女子留学生たちとの交流を通じて、イスラームの誇りを失わず毅然として生きる姿を描く。そして主人公の女性ジャーナリストは、ウィーンやパリを旅しながら、イスラーム文明は欧州に少なからぬ影響を及ぼしており、欧州の都ウィーンやパリに今もイスラーム文明の名残が残されていることを発見していくのである。

映画「欧州の空に輝く九九の光」のポスター

この映画、そしてその原作が懸命に訴えているのは、中世においてイスラーム文明は西洋文明よりも先進的だったのであり、西洋はイスラーム文明を摂取し、それを基礎として近代文明を築いたということだ。つまり、かつてイスラームは西洋の師であった時代があり、イスラームも近代の成立に貢献している、という文明観が語られている。

この映画原作を書いたのは有力イスラーム政治家アミン・ライスの娘ハヌン・ライスだ。インドネシアの若きイスラーム知識人たちが、欧州で自分の誇りを守るために模索する内面の葛藤がスクリーンからも透けてみえてくる。

第二のコンプレックスは、中東イスラームに対して、「イスラームの本家本元は中東」という意識が、インドネシア・イスラーム界に根強くあることだ。

これまで中東イスラームとインドネシアの関係は、中東→インドネシアと一方向的だった。近代以降も、「イスラーム改革運動」「汎イスラーム主義」といった中東で発生した思想潮流は、中東から帰国した留学生等を通じてインドネシアに伝わり、この国のイスラーム界に大きな影響を与えてきたが、その逆の例は多くない。中東のイスラーム諸国からすると、インドネシアには世界最大のイスラーム人口がいるといっても、宗教的、思想的にはあくまでイスラーム文明圏の「辺境」にすぎないとみなす傾向がある。

それゆえに、自分たちが中東イスラームにも影響を及ぼしうる存在として世界に認められたいという願望は強い。インド出身の国際的に著名なジャーナリストであるファリード・ザカリアが、イスラーム界における穏健派と過激派の対立に関する問題で「個人的には中東ではなくインドネシアの穏健イスラームが、もっと国際的に声をあげるべきだと思う」と意見を述べていた（「テンポ」二〇一四年一月五日）。誰がイスラームの声を代弁するかという時、「カタールやサウジアラビアの狂信的なイスラーム指導者よりも、数億人の選挙によって選ばれたインドネシアの第四代ワヒド大統領（イスラーム知識人としても有名）のような人こそ、世界でイスラームの声を代弁すべきである」というザカリアのコメントに「我が意を得たり」と感じたインドネシアのイスラーム教徒読者は多いだろう。

西洋に対する劣等感、中東に対する劣等感が入り混じり、二〇一二年以降中東において「アラブの春」が停滞するなかで、「イスラームは、科学、民主主義といった近代的価値と両立しえないのではないか」という批判に、インドネシア有識者たちの心は揺れている。であるがゆえにその不安をふり払うため、「インドネシアにおいて、多様な民族・宗教が共存している」「インドネシアにおいて民主主義は機能している」と外に向かって声高く主張したいという衝動、外からもイスラームと民主主義が共存する模範国として認めてもらいたいという要求が高まっている。

2　イスラームの「模範国」としての自信

ユドヨノのイスラーム外交

本章冒頭で紹介した国会の議論は、イスラームを「課題」として捉える外交強化論的色彩が強いが、そもそも二〇〇〇年代に入って、イスラームを「資源」と考える観点から外交強化の取り組みが始まっていた。

ジョコ・ウィドド政権に先立つユドヨノ政権の時代、スハルト政権崩壊以来長く続いていた混乱を脱し、インドネシアは安定を取り戻し、外交面でも積極的に打って出るようになった。

欧米諸国のインドネシア再評価を背景に、インドネシア政府はイスラームを資源とする外交を展開しようとした。任期一期目のユドヨノ大統領は国際社会において「イスラームの模範国」「イスラーム諸国の代表」として意識的に発言することが目立った。

具体的な外交成果として、二〇〇六年ユドヨノ大統領は英国のブレア首相とのあいだで、英イの「イスラーム諮問グループ」結成に合意した。両国のイスラーム指導者によって構成されるこのグループは、両国政府のイスラーム政策に助言することを目的としている。この後、オーストラリア、カナダ、ドイツ、オランダ政府が英国に続き、インドネシアのイスラーム組織との協力を開始した。

欧米諸国政府が中東ではなくインドネシアのイスラーム組織をパートナーとして選んだのは「インドネシアが欧米とイスラームを結ぶ触媒の役割を担う能力があると認めているからだ」とインドネシア政府は自信を深めた。

インドネシア宗教省ナサルディーン・ウマール副大臣は、外交評論誌『ストラテジック・レビュー』(二〇一一年一一〜一二月号)に、二〇項目にわたってイスラームが、国際社会で重要な役割を果たすインドネシア外交の資産となりうる点を説明している。

主なものをあげると、①世界最大のイスラーム人口を擁する、②イスラーム教徒が多数を占める国のなかでも最大級の国土を持ち、地理的に東西を結ぶ戦略的重要地域に位置している、③インドネシアのイスラーム教徒は文化的に他者に対して寛容で友好的な「ソフトな文化」を有する、④教義的にはスンナ派シャーフィイー学派が主流で、教義の違いによる争いがない、⑤イスラームと民主主義が共存し直接選挙で大統領を選出している、⑥国土の各地に拡がる寄宿学校(プサントレン)において穏健なイスラーム教育が行われている、⑦イスラーム国立大学においても寛容と平等を重んじる高等教育が行われている、⑧巨大なイスラーム組織「ナフダトゥール・ウラマ(NU)」と「ムハマディヤ」は、多民族・多宗教共生に積極的な役割を果たしている、⑨「インドネシア・ウラマー評議会(MUI)」も多宗教共生と調和を維持するのに大きな役割を果たしている、等々である。

自信を深めつつあるインドネシアに世界戦略上の重要性を認め、戦略的パートナーシップを演出してきたのが米国、特にオバマ政権である。

オバマが大統領に就任した二〇〇九年六月にエジプトのカイロ大学で世界のイスラーム教徒に向けて行ったスピーチは、イスラーム世界で地におちていた対米感情を改善させる影響力の大きい重要演説であったが、このなかでオバマ大統領は米国とイスラーム教徒が、「正義と進歩の原則」「人類の寛容と威厳」という共通の信条を共有していると語り、彼の信念は少年期にインドネシアに滞在した経験に基づいていると語った。

このカイロ演説においてオバマ大統領は数度にわたってインドネシアについて言及し、「インドネシアでは敬虔なキリスト教徒が自由に礼拝していた」と宗教の自由、寛容の精神を讃え、女性の権利という観点からインドネシアが女性大統領を選出したことにも触れている。

オバマ政権一期目のヒラリー・クリントン国務長官も、盛んにインドネシアを持ち上げた。二〇〇九年にインドネシアを訪問した彼女は、「もしイスラームと民主主義、近代性、女性の権利が共存するかどうかを知りたければ、インドネシアへ行きなさい」とインドネシア国民の自尊心をくすぐり、「国際社会におけるスマート・パワーの発揮に大きな貢献をしている」と語った。そしてクリントン長官は「イスラーム、民主主義、近代性が共存するだけではなく共栄することを体現しているインドネシアの主張に耳を傾け、支援する」用意があると述べ、米国からイスラーム諸国への発信強化をめざしたブッシュ前政権と違い、双方向の対話を重視することを明言した。

「シャルリー・エブド」事件の衝撃

ところがイスラーム外交への自信を深めたユドヨノ政権時代から一転、二〇一四年ジョコ・ウィドド政権誕生後の国際情勢は、ＩＳのテロによって欧米諸国にイスラーム嫌悪感情が拡がり、インドネシアのイスラーム外交は、早急にこれに対応しなければならなくなった。「課題」としてのイスラーム外交である。

二〇一五年の年明け早々パリで、風刺週刊誌「シャルリー・エブド」襲撃テロが発生した。「シャルリー・エブド」事件について、メディアを狙ったテロ攻撃は、フランスが誇りとしてきた「表現の自由」の危機として巷間語られているが、同時に事件後の成り行きは、欧州が試行錯誤しながら築いてきた「多文化主義」の危機、という性格をも帯びていた。多文化主義の危機は、この年の一一月再びパリで発生した同時多発テロ事件及びその直後の選挙における極右勢力の勝利によって、その懸念をますます強めることになった。

多宗教国家インドネシアも、「シャルリー・エブド」の衝撃に揺れた。「シャルリー・エブド」事件発生直後は、欧米諸国同様にテロの非道性を糾弾する声が続いた。記者会見でインドネシア政府ルトノ外相は「インドネシアは強く今回の攻撃を非難するとともに、犠牲者のご家族に深く哀悼の意を表する。このような暴力行使は絶対に許されてはならない」と語った。同時に外相は海外のインドネシア市民、特に欧州在住の同胞たちに安全に関する注意喚起をおこなった。狂信的なイスラーム主義者のテロによって、欧州において大半の穏健なイスラーム系市民に対する嫌がらせ、暴力が懸念される事態となったからだ。

欧州に暮らすイスラーム同胞への同情とともに、このような事態をもたらしたテロリストたちへの怒りから、「彼らはイスラーム教を曲解している」「彼らは真のイスラーム教徒ではない」「イスラームの名を貶めた」という非難の言葉が新聞の投書欄には並んでいた。

しかし一月一四日「シャルリー・エブド」誌がムハンマドの風刺画を表紙とする特集号を出すと、インドネシアの世論の様相は一変した。

米国同時多発テロ事件以後、世界は米国に対して哀悼と連帯を示すことで団結したが、その後米国が強引にイラク戦争を始めたことで、イスラーム世界からの支持を失ってしまった。それと同様に、「シャルリー・エブド」特集号はフランスと同誌に対して集まっていたイスラーム世界からの同情を、一挙に失わせてしまったのである。

イスラーム世界に住んだことがある者なら容易に理解できることだ。イスラーム教では偶像崇拝の禁止が徹底していて、イエスや聖母マリア像が配置されているキリスト教会とは対照的に、モスクには宗祖ムハンマドの画像や彫刻はない。ましてや宗祖を戯画化するというのは許しがたい冒瀆行為、というのが一般的なイスラーム教徒の態度だ。

宗祖戯画掲載の「シャルリー・エブド」特集号が発行されたという報道を受けて、インドネシア第二のイスラーム組織「ムハマディヤ」幹部が「これはどれだけ我々が我慢できるか試験を受けているようなもの、と考えることだ。アナーキーな行動をとってはいけない」と自制を促した。

ジョコ・ウィドド政権は、イスラーム外交を進めるにあたって、このような国内のイスラーム教徒の複雑な感情を考慮しながら、外交に取り組まなければならないという状況に置かれたのである。

「シャルリー・エブド」事件直後にインドネシア国民議会で行われた議論は、ISテロによって世界に拡がりつつあるイスラーム嫌悪感情に歯止めをかけることを、同国外交の目標と強く認識するものである。この目標を具体的に記述すると、以下のような項目を達成していくことが、イスラーム外交に求められたといえよう。

① イスラーム過激勢力の暴力に起因して「イスラームは危険」という認識が広がっているなか「インドネシアのイスラーム教徒は、穏健なイスラーム。インドネシアは安全」という認識を国際社会に普及していく。

② さらに「過激なテロ暴力は、イスラームの教えに反する。イスラーム教義そのものが、昨今のテロを産んでいるわけではない」という点を非イスラーム圏に納得させていく。

③ 「インドネシアのイスラーム教徒は、国内の他宗教に対して寛容。インドネシアは多文化主義、多文化共生のモデル」という認識を国際社会に定着させる。

④　ＩＳの一連のテロ発生後、米国にてイスラーム教徒が射殺される事件や、欧州でイスラーム教徒に対するハラスメントが発生するなか、欧米在住のイスラーム同胞の安全を確保する。

さらに二〇一六年一月にＩＳがらみのテロがインドネシア国内で初めて発生したことから、次の外交課題も強く意識されるようになった。

⑤　ＩＳのインドネシア、さらに東南アジアへの浸透を阻止する。

ジョコ・ウィドド大統領の訪米

ＩＳ問題をめぐって国際情勢の不透明感が強まるなか、二〇一五年一〇月二六日、インドネシアのジョコ・ウィドド大統領は米国オバマ大統領と会談した。ジョコ大統領にとって就任以来、初の訪米である。日本のマスメディアは、同首脳会談について、インドネシアがＴＰＰへの参加意欲を示したこと、南シナ海の航行の自由をめぐる問題、気候変動・エネルギー問題が話し合われたこと等を報じていたが、報道されなかった重要な協議の一つは、インドネシア、米国の両首脳が両国のパートナーシップを確認しあったことである。

共同記者会見に臨んだオバマ大統領は、「膨大な人口、東南アジア地域での指導力、民主主義の伝統を有するインドネシアとのパートナーシップは米国の国益を反映するものである。インドネシアが、イスラーム教徒が多数派の国でありつつ、寛容と話し合いの伝統があり、貿易・経済発展を遂げているという事実は重い」と自分の言葉で語っている。

この首脳会談の後に発表された、ルトノ・ケリー両外相の「民主主義と共生を前進させるための戦略パートナーシップ強化を」と題する声明は、民主主義と多民族・多宗教共生という価値を奉じる両国が、イスラーム過激主義に立ち向かう姿勢を、以下の通り明確にしている。

テロリストの脅威に対して、我々が共有する未来を守り抜くためにインドネシアは重大な役割を担う。そして政府のみならず国民が団結して協力していかなければならない、と両国は認識している。

インドネシア政府はＩＳの傭員リクルートやプロパガンダに対して、法の支配、法規制、経済発展、宗教者の関与等の手段を通じて立ち向かう。

暴力的過激主義に対抗する上で、インドネシアの強固な市民社会は重要な役割を果たすはずである。ナフダトゥール・ウラマやムハマディヤなどイスラーム組織は、他宗教との対話や寛容の重要性を、その実践によって示している。より意義深い点は、インドネシアの民主化の成功が、イスラームと民主主義、多文化主義が共存することを証明していることである。

（「ジャカルタ・ポスト」紙　二〇一五年一〇月二七日）

上記両外相の声明は、あらためてインドネシアという国が米国の世界戦略において重要な存在であり、インドネシアのイスラーム外交を支援することが米国の国益に合致する、と認めているものといえよう。

世界最大のイスラーム人口大国であり、世界四位のフェイスブック市場であるインドネシアは、民主化、宗教の寛容、パワフルな経済発展と巨大市場、インターネット上の自由、文化的多様性という自画像を、世界に発信していこうとしている。こうした自己イメージを、インドネシアが積極的に対外発信していくのは、米国も大歓迎なのである。

米国が推進してきた中東の民主化が頓挫し、ISによる混乱が拡がるなかで、米国の指導力は低下している。「イスラームであっても民主化は可能」「イスラームであっても経済発展は可能」であることを、世界最大のイスラーム人口大国であるインドネシアが示してくれれば、米国の民主化推進外交は説得力を取り戻す。

つまり「イスラームと民主主義が共栄する国インドネシア」という対外発信の強化をめざすジョコ・ウィドド政権を支援することは、米国の国益にかなうのだ。

3　イスラーム外交の思想

思想形成を担うイスラーム組織

ＩＳのプロパガンダに対抗していくため、インドネシアが外に向かって発信していこうとしているイスラームのありようは、思想として、現代世界においていかに説得力をもつのか、その思想の訴求力が問われることになる。この思想設計に関して、前掲ルトノ・ケリー両外相声明は、ナフダトゥール・ウラマ及びムハマディヤへの期待を語っている。日本ではなじみが薄い両組織の成り立ちについて、概説しておきたい。

この国最大のイスラーム組織「ナフダトゥール・ウラマ」（ＮＵ）と第二の「ムハマディヤ」は、独立前から現在に至るまで、宗教の枠を超えて政治・経済・社会文化に少なからぬ影響を及ぼしてきた。

両組織の歴史をさかのぼるとインドネシア独立運動史、さらに巨視的にみればアジア近代思想史の流れとつながっていることが実感できる。

そもそも「ナフダトゥール・ウラマ」とは、「ウラマー（イスラーム学者）の覚醒」を意味する。東ジャワ州ジョンバンが、ＮＵ結成の地である。一九二六年に、東ジャワのプサントレンで伝統的な教義を教えていたイスラーム指導者たちが集まって、この組織を立ち上げた。

ＮＵ創設の契機となったのは、ムハマディヤの存在だ。近代文明を力の源泉として西洋列強が非西洋世界への支配を強めるなかで、一九世紀末から二〇世紀はじめの中東において、停滞状況を打破するためにイスラーム改革主義が興り、この思想的影響を受けたインドネシアの指導者たちが、イスラームと近代文明を折衷した教育を施すために設立したのがムハマディヤである。一九一二年にジョグジャカルタで設立され、インドネシア民族運動を担う近代感覚を身に付けた医師、法律家、技術者などの知識人エリートを輩出させた。

のどかなジャワ農村にあって、土着の習俗なども取り入れた昔ながらのイスラーム教義を教えていた頭の固い伝統派長老たちも、改革を志向する近代的組織ムハマディヤの台頭に「我々もこのままでは立ちいかない」と考えたのであろう。時代の趨勢を読む見識をもつ指導者もいて、NUが作られた。

発端が以上のような歴史であることから、NU＝伝統（保守）派、ムハマディヤ＝改革派という図式で語られがちであるが、NUを単なる保守的な組織と見なすのは的外れである。創設後のNUは一九三〇年代に独立運動の一翼を担い、四〇年代のインドネシア独立戦争では傘下の組織が対オランダゲリラ戦を戦うなど、時計の針を前に進める「革命勢力」的役割を演じてきた。そして現在のNUにも、欧米政治思想でいうところの「右翼」や「左翼」にあたる多様な思想潮流が流れこんでおり、「伝統（保守）派」の一語で集約できるような組織ではない。

「大きな構想」

この伝統的組織を拠点として活躍する先進的イスラーム思想家が、「グス・ムス（愛称）」ことムストファ・ビスリ師であろう。二〇一五年のNU全国大会では「最高指導者」（rais aam）に推されたが、激化する内部抗争をいさめ、同ポストへの就任を辞退して、その高潔な姿勢が共感を呼んだ。

このグス・ムスが以前にインドネシアの外交評論誌「ストラテジック・レビュー」（二〇一二年七〜九月号）において、インドネシアのイスラーム外交は「大きな構想を示すべきである」と論じている。

今後インドネシアは一次産品の生産者ではなく「大きな構想」の生産者として国際社会で名誉ある地位を獲得すべき、と彼は言う。その議論をまとめると、以下のようになろう。

インドネシア各地に根付いた深遠な精神世界、宗教、文化、これを体現する人びとこそが、インドネシアにとって、地政学的に最も重要、戦略的な遺産である。狭き心のままでは今日のイスラーム世界が直面する問題に対応できない。イスラーム法についても金科玉条のように受けとめるのではなく、原点に立ち戻りつつ、現代世界に適応する解釈が必要だ。大きな構想力をもてば、コーランに書かれているのは全人類に対する愛と慈しみの源であることが理解できる。

その独自の文化的、歴史的環境ゆえに、インドネシアは伝統と現代、自由・民主主義・人権とイスラームを結ぶ架け橋となりうるし、それによって過激主義者によって汚されたイスラーム教義の名誉と尊敬を取り戻すことができるのである。

インドネシア憲法に示されている「多様性のなかの統一（ビネカ・トゥンガル・イカ）」、すなわち「個性を認め、違いを認めあいながらも一体でありうる」という考え方は、インドネシアの歴史のなかで深い精神性、宗教性に裏打ちされ実践されてきた価値であり、広く国際社会と共有していくべき概念である。

「イスラーム・ヌサンタラ」

このようなグス・ムスの議論を下敷きとして、NUが二〇一五年全国大会のスローガンとして掲げたのが、「インドネシアと世界に貢献するイスラーム・ヌサンタラ」である。「ヌサンタラ」とは、サンスクリット語に起源を発する言葉で、一般的に「列島」を意味し、さらにジャワ島とその周辺の島々、独立後は列島国家インドネシアを指す。「ヌサンタラ」には、日本語で言えば「敷島」のような、ほのかな郷土愛がブレンドされた雅《みやび》な響きがある。

つまりイスラーム・ヌサンタラとは、「インドネシアの歴史、文化のなかで実践されてきたイスラーム」を指しており、インドネシア・イスラームの個性を強調する意思を感じ取ることができる。NUは、イスラームの普遍性とともに、インドネシアの風土で発達したイスラーム文化の価値を積極的に評価し、その独自性を再確認しようとしているのである。

イスラーム・ヌサンタラがNU全国大会のスローガンに採用されたことにより、あらためて「インドネシア的イスラームとは何か」という議論がおきた。

イスラーム・ヌサンタラの特徴としてよく引き合いに出されるのが、イスラーム渡来前のヒンドゥー教・仏教や土着の信仰と習合した信仰形態である。

一五世紀末から一六世紀にイスラームをインドネシアに伝えたとされる九聖人（ワリ・ソンゴ）の墓を参拝すれば御利益が得られるとする聖者崇拝、死者崇拝は、そうした信仰形態の一つといえよう。

サウジアラビアで主流の厳格なワッハーブ派やイスラーム近代主義者、そして原理主義者は、上記のような習合的信仰形態を嫌い、純正なイスラームに不純物が混じりこんだ状態として非難し、排撃しようとする。こうした批判に対して、イスラーム・ヌサンタラの立場はイスラームの普遍性を認めつつ、同時に地域によって独自性、個性をもつイスラーム信仰があってよい、イスラームの多様性を認めよう、と主張するのである。さらにイスラーム内部の多様性を認めることの延長線上には、他宗教、価値観との共存も視野に入っている。この国のイスラーム外交の中核となる概念といえよう。

イスラーム・ヌサンタラは、インドネシアにおいてイスラームが世俗民族主義、世俗国家の国是「パンチャシラ」思想との折り合いをつけて発展していくための思想戦略という機能も果たしている。偶像崇拝を完全否定するワッハービズムや他の宗教に非寛容な原理主義をインドネシアにそのまま適用すれば、「多様性の統一」を掲げるインドネシア共和国との正面衝突が避けられないからだ。

別の観点から言えば、イスラーム・ヌサンタラは、中東・南アジアからのイスラーム過激思想流入に対する、自らのアイデンティティーを守るために打ち出されたＮＵの文化防衛論、と位置付けることもできよう。

内部からの自己批判

巨大組織NUは右から左まで多様な意見を包含している。伝統派の牙城内部に、国際感覚をもつ中堅、若手イスラーム指導者が言論拠点を築いていることは、大変興味深い。彼らはNU内部から、これまでのインドネシア・イスラームのあり方を問い、自己批判し、改革を求める声をあげ始めている。

たとえば、「ジャカルタ・ポスト」紙（二〇一五年八月六日）に「イスラーム・ヌサンタラは性的暴力に対して声をあげるべき」と題する寄稿が掲載された。寄稿者は、アジア・ムスリム行動ネットワークのインドネシア代表ルビ・カリファ。NUは女性の人権、特に性的暴力から女性を守るために積極的な役割を果たしていくべきだ、というのが彼女の主張である。

以下、ルビの見方を要約すると、これまでプサントレン（イスラーム寄宿舎）内部におけるイスラーム教師による異性寄宿生への人権侵害行為が報告されており、その中にはNU傘下のプサントレンも含まれている。NUは過去に家父長制的なイスラーム保守主義に固執し、女性の抑圧に加担してきた一方、前述のアブドゥルラフマン・ワヒド大統領がNU議長だった時代には、ジェンダーの平等と正義を強く打ち出し、草の根レベルで人権を擁護するための活動を行ってきた歴史がある。「イスラームは弱者を保護する教え」という宗教原則にたちかえって、人身売買、性的暴力の対象となっている少女、女性たちの人権を守るために、NUは組織をあげて取り組むべき、とルビは訴えている。リベラルなフェミニズムの視点から、NUの現状を批判する声、といえる。

また、ロンドン大学博士課程学生のアル・カニフは、インドネシアにおける宗教少数派（キリスト教徒、ヒンドゥー教徒等）、特にイスラーム内部の少数派（シーア派、アフマディーヤ派等）に対して、NUメンバーの一部が迫害に加担している現状を批判し、イスラーム・ヌサンタラは寛容の精神を守り育て、多様なイスラームのあり方を追求していくべきである、とする（「ジャカルタ・ポスト」紙　二〇一五年八月五日）。

アル・カニフによれば、イスラーム内部の少数派に対する姿勢はNU内部で二つのグループに分裂している。主流の「穏健派」とNU「直系」を名乗るグループである。「直系派」は、無制限に宗教信条の自由を認める西洋リベラリズムはインドネシアと相いれず、イスラーム神学上の多様性は認められないとして、シーア派やアフマディーヤ派の存在を否定する。また彼らは、多様な信仰形態に寛容なイスラーム・ヌサンタラ概念に対しても懐疑的な姿勢をとっている。「直系派」が主流となれば、少数派への迫害は激化し、海外のイスラーム過激主義がさらにインドネシアに流入することになると、アル・カニフは警鐘を鳴らす。

以上、ルビ・カリファとアル・カニフという若手イスラーム知識人の声を紹介したが、印象的なのはＮＵ指導層には、欧米の大学に学び、英語が堪能で、西洋近代的教養とイスラーム神学を兼ね備えた国際派知識人が少なくないこと、そして現在も将来の幹部候補生たる優秀な青年たちが中東のみならず欧米の大学で学び、外からＮＵを見つめる機会を得ていることだ。ここに巨大組織ＮＵの底力としたたかさを感じる。

この国のイスラーム知識人代表格、アジュマルディ・アズラ国立イスラーム大学ジャカルタ校元学長の主張（「コンパス」紙　二〇一五年八月三日）は傾聴にあたいする。

イスラーム過激主義、急進主義が勢いを増す世界の現状において、国際社会の期待に応えて、インドネシアのイスラーム教徒は、寛容と穏健なイスラームの代表として、外に向かってもっと積極的に自らの価値観、生き方を発信していくべき、というのがアズラ元学長の意見だ。

イスラーム・ヌサンタラの声を対外発信していくためには、イスラーム主流ＮＵ内部で穏健派が主導権をとって自らのアイデンティティーを再確認し、寛容なイスラームの伝統を磨きあげることが重要である。

多文化主義の危機がささやかれる今日、インドネシアの「寛容なイスラーム」伝統の真価が問われている。

第五章　内側から見た親日大国

1　世界一の親日国

「パブリック・ディプロマシー」とは

本章からはジャカルタで日本とインドネシアの交流事業に携わってきた体験に基づいて、内側からみたインドネシアの日本認識の変遷について考えていきたい。

「パブリック・ディプロマシー」は、「広報文化外交」等と訳されるが、その訳語が定着しているわけではない。具体的に説明すると、政治・経済・安全保障・自国民保護に関して政府対政府で行う従来の「外交」に加えて、海外諸国民のあいだに自国の存在感を強め、好感度を高め、より深く理解してもらうことを目的として、「外交」の一環として実施される政策広報や国際文化交流などを指す。

近年では政府からの一方的な発信に対する批判が高まり、双方向の対話・交流、そして政府のみならず国民どうしの対話・交流が国際関係の安定にも寄与するという「ニュー・パブリック・ディプロマシー」という概念も登場している。

国際交流基金は、「独立行政法人国際交流基金法」に示された「我が国に対する諸外国の理解を深め、国際相互理解を増進し、及び文化その他の分野において世界に貢献し、もって良好な国際環境の整備並びに我が国の調和ある対外関係の維持及び発展に寄与することを目的」とする、我が国のパブリック・ディプロマシーの一翼を担う機関である。

国際交流基金ジャカルタ日本文化センターは、全世界に展開する国際交流基金海外拠点の一つであり、日本とインドネシア間の文化交流の最前線である。

筆者はこのジャカルタ日本文化センターに二〇一一年九月から一六年三月まで所長として勤務した。ジャカルタ勤務で幸運だったと思う点は多々あるが、その一つとして、この国の人びとがこよなく日本を愛してくれていることを挙げたい。

「日本文化祭」に熱狂する人びと

インドネシアは世界で最も親日的な国といわれている。外務省が世界中で行っている対日世論調査や英国BBC放送が毎年実施している世界世論調査結果でも、インドネシアの親日度が確認できる。

外務省が二〇一四年三月に、ASEAN七ヵ国(インドネシア、マレーシア、フィリピン、シンガポール、タイ、ベトナム、ミャンマー)で実施した対日世論調査において、インドネシアは「日本は全面的に信頼できる」と答えた人七一%と、調査対象国の中で最も高く、「全面的ではないが信頼できる」と答えた人もあわせると、回答の九五%が肯定的だった。

同年にBBCが行った「日本は、世界全体に良い影響を与えているか」という質問に対しても、インドネシアでは七〇％が「良い影響を与えている」と答え、調査を行った二三カ国のなかで、ナイジェリア（七二％）に次いで二位だった。この調査では毎年インドネシアが、日本に対する肯定評価高位国の一位か二位を占める。

いかにこの国の人びとが日本好きか実感したければ、「祭り」を観にいくとよい。もはや日本語の「祭り」という言葉は、インドネシア語として定着したのではないだろうか。毎月この国のショッピングモールや学校で「Matsuri（祭り）」「Bunkasai（文化祭）」が開催されている。ジャカルタ首都圏では「桜祭り」「縁日祭」「ジャカルタ日本祭り」が「三大祭り」ともいうべき規模を誇り、それ以外にも様々な「祭り」が存在する。

「三大祭り」のなかでも最も入場者が多いとされる縁日祭が、二〇一五年も五月の週末二日間ジャカルタの繁華街ブロックMで開催され、主催者発表で二五万人以上がやってきた。お招きを受けて両日とも足を運んだが、夜になっても人波が途切れない。新年の浅草寺仲見世のようだ。

二〇一三年八月下旬から九月初旬にかけては、「大相撲ジャカルタ巡業」「アニメ・フェスティバル・アジア・インドネシア」「第五回ジャカルタ日本祭り」と、それぞれ数万人規模の集客力をもつ大規模日本関連イベントが、相次いでジャカルタで開催された。このような短期間に大型事業が波状的に続いた例は記憶になく、日本・インドネシア交流史において特筆に値する事象だったのではないか。

大相撲巡業は、スポーツとしてのわかりやすさと、文化としての様式美から反響を呼び、「コンパス」紙（二〇一三年八月二五日）は「大相撲史上初めて東南アジア巡業がジャカルタで開催されたのは、当地の市民にとって幸運なことだった」と大きく写真付きで報じた。ジャカルタ日本祭りの終幕では、当時ジャカルタ特別州知事で現インドネシア共和国大統領のジョコ・ウィドドもやって来た。

外交ツールとしてのポップカルチャー

日本に対する関心の高さを測るもう一つのバロメーターが、日本語を学ぶ人びとの数である。国際交流基金は三年に一度「海外日本語教育機関調査」を実施しているが、二〇一二年度調査結果では、インドネシアが世界有数の日本語学習大国に躍進した姿が明らかになった。

同調査によれば、世界で日本語を学ぶ学習者数は三九八万人、そのうちインドネシアは八七万人である。一九九八年調査に比し一九倍に伸びたことになる。この一四年間で世界に例のない急拡大を遂げたのだ。これによって、インドネシアは中国に次ぐ世界第二位の日本語学習大国となった。

インドネシアの特徴として挙げられるのが、学習者の圧倒的多数が、中等教育（中学・高校）で学習していることだ。その数、八四万人、実に同国学習者総数の九六％にあたる。中等教育に限れば、二〇一二年時点でインドネシアの日本語学習者数は、世界一位であった。全世界の中等教育学習者総数の四〇％をインドネシアが占めたことになる。

急拡大の理由は明白で、インドネシア政府教育文化省が高校カリキュラムにおいて第一外国語（英語）に次ぐ第二外国語学習を、必須選択科目としたからである。日本語は政府が指定する六つの第二外国語の一つで、六つの指定外国語の中でも人気の高い言語といわれている（日本語以外は、アラビア語、フランス語、ドイツ語、中国語、韓国語。韓国語は二〇一三年から新たに加わった）。この制度改編ゆえに高校レベルの日本語学習者が急増し、全インドネシア日本語学習者の九五％が高校生となったのである（しかし二〇一三年にインドネシア政府は、第二外国語を「必須」科目としない政策変更を行った。この決定は日本語学習者数の増減に大きな影響を及ぼすとみられる）。


さてインドネシアの人びとが日本語を学ぶ動機といえば、かつて八〇年代は「日本企業に就職したい」「日本の大学に留学して、科学技術を学びたい」と経済技術的な動機を挙げるのが普通だった。しかし近年では「日本のマンガ、アニメを原語で読みたいから」といった文化面への関心からという回答が主流になっている。この意味で、ポップカルチャーは、この国の若者の日本への関心を喚起する強力なツールになっている。

一九九〇年代以降、政府とは関係なく民間商業ベースで始まった日本のマンガ、アニメ、ゲーム、テレビのバラエティー・ショーなどポップカルチャーのインドネシア進出は、みるみる市場を拡大させ、都市部の若年層に浸透していった。二〇〇〇年代以降、日本政府は、このポップカルチャー人気を政策に取り入れて、外交、輸出振興、観光等の分野で活用するようになった。「ドラえもん」のコミックスを翻訳出版したいので、日本の出版社に取り次いでほしいという要望が寄せられたりしたのが、二〇年前、一回目のインドネシア駐在時代であった。とはいえブームともいうべき日本のマンガ、アニメファン急増の現象は筆者が日本に帰国した後に起きたので、その人気ぶりは間接的に聞き知るのみであった。

そして、約二〇年ぶりにインドネシアに戻ってきて、ポップカルチャーがインドネシアの日本イメージ形成に巨大な影響力を発揮している現場をまのあたりにすることになった。

二〇一二年二月二五日、二六日に「日本ポップカルチャーフェスティバル」がジャカルタで開催され、そのメインイベントとしてＡＫＢ48、そしてそのインドネシアの姉妹グループで、デビューしたばかりのＪＫＴ48の公演があった。これは、東日本大震災があった二〇一一年の一一月に行われた日本インドネシア外相会談で決まった、れっきとした外交行事である。

そこには、東日本大震災の際に支援してくれたインドネシアに対する感謝の気持ち、困難に立ち向かう日本の決意を伝えるという外交ミッションも含まれていた。はかり知れない痛手を負った母国からやって来た、まだ子どもの面影を残す少女たちが、震災復興のメッセージ・ソング「風は吹いている」をけなげに熱唱する姿に涙腺をゆるめる邦人の姿もあった。

彼女たちはしっかりインドネシア観客の心をつかんでいた。終演後、日本語を学ぶ旧知の大学生たちが興奮冷めやらぬ様子で走り寄ってきて握手を求められた。「やっぱりホンモノは違う。すごいです」「インドネシアに来てくれて、ありがとう、ありがとう」

筆者自身も同フェスティバル実行委員会に、インドネシア人ポップカルチャー研究者らとともに加わって、ノウハウや人脈を提供するとともに、アニメ映画会の開催など協賛事業を二月、三月に集中的に実施することにした。

協賛事業のなかには「ハローフェスト8　アニメ・エキスポ」が含まれている。このイベントは、国際交流基金が日本に招いたアニメーターのワフユ・アディティヤ氏が二〇〇五年から始め、二〇一二年は約一〇〇〇人のコスプレ愛好家が集結、二万人を超える入場者を集め、インドネシア最大のサブカルチャー・イベントに成長した。「ハローフェスト」「ポップカルチャーフェスティバル」という大きなイベントを通じて、インドネシア青年たちが夢中になっている姿を見て、あらためて日本のポップカルチャーの人気の凄さを実感した。今ではＪＫＴ48は、インドネシアを代表するアイドルグループとしてインドネシアの若者たちを魅了している。

日本は中東よりもイスラーム的！

日本に熱い視線を寄せるのは、都市部の中間層、ポップカルチャー好きの若者たちだけではない。文化的に日本とあまり縁がないように見えるイスラーム教育関係者も概して日本文化に対して強い関心を示している。

ここで国立イスラーム大学ジャカルタ校コマルディン・ヒダヤット学長（当時）が興味深いエッセイを書いているので紹介したい（「コンパス」紙二〇一一年一一月五日）。日本国外務省はプサントレンの指導者を日本に招聘し各地で市民、青少年と交流する事業を実施している。インドネシアに戻ったプサントレン関係者全員が、コマルディン氏に語ったのは以下のような言葉だったという。

「日本の社会生活は、これまで訪問した中東の国と比べても、最もイスラーム的な価値観を映しだしていた」

「日本の市民は整列することに慣れており、清潔を保ち、正直で、よく他人を助け、インドネシアでも失われつつある様々なイスラームの価値観を見つけることができた」

中東よりも日本の方がイスラーム的！

全く意外なコメントだが、国際交流基金が招聘した若手・中堅イスラーム知識人からも同様の発言を聞いたことがある。「秩序」「清潔」「正直」と並んで「親切（寛容）」を彼らはイスラーム的価値と捉えていることが興味深い。

欧米から上から目線で、人権感覚の欠如を指摘されると反発するイスラーム知識人が、非欧米の日本との普段着の交流の中で、自らを見つめ直し寛容の心を温めている。彼らの心に映る日本は、現実の日本とは異なる買い被りの日本像かも知れない。そうであったとしても、インドネシア・イスラーム社会の指導的立場にある人びとが日本との交流を通じて、寛容なイスラーム精神とは何かを考えてくれるならば、それはそれで世界の平和と相互理解に対する、一つの国際貢献と言ってもよいのかもしれない。

2　親日感情にあぐらをかくことの危険

「反日」の嵐が吹いた日があった

各種世論調査を見る通り、インドネシア国民の対日好感度は世界でも一、二位の高さだ。それゆえに、今がそうであるように、過去も、そして未来も、この国は親日国であると考えてしまうかもしれない。

しかし親日国インドネシアの首都ジャカルタで、四〇年前に反日の嵐が吹き荒れたことがあったのを忘れてはならない。

二〇一四年一月一五日は、日本・インドネシア両国関係を変える転換点となった反日暴動、「マラリ事件」発生から四〇年の節目の日だった。幾重にも積み重なる時を超えて、その衝撃波は、現在自分が携わっている文化交流の仕事にまで伝わってくる。

「マラリ」とは、「一月一五日の災難」を意味するインドネシア語の略語だ。一九七四年一月一五日、ジャカルタで、田中角栄首相の公式滞在日程初日に、日本の「経済侵略」に抗議する学生デモが導火線となって大規模な反日暴動が発生し、首都中心部は機能マヒ状態に陥った。死者一一名、重傷者一七名、燃やされ破壊された車両八〇七台・バイク一八七台、損傷建築物一四四棟、逮捕者七七五名の犠牲・損害があった。

しかし、ひと世代前の記憶を継承していくのは容易ではない。

ジャカルタの邦人社会で読まれている邦字紙「じゃかるた新聞」(二〇一四年一月一三日)が、ジャカルタ特別州内のインドネシア人大学生一〇〇人にアンケートを行ったところ、マラリ事件に関して、「詳しく知っている」と回答した者は皆無、六六人が「全く知らない」と答えた。「詳しく分からないが知っている」と答えた者は三四人に過ぎなかった、という。

1974年に起きた「マラリ事件」を特集した「テンポ」誌

「現在の日本人の態度や振る舞いをどう思うか」という同紙の問いに、五〇人が「良い」、四七人が「普通」と答え、「悪い」と答えたのは三人。「日本はインドネシアの経済発展に貢献している」「日本の自動車や製造技術は素晴らしい」「日本人は礼儀正しく、規律正しい」等々の肯定的なコメントが寄せられており、四〇年の時を経て、インドネシア青年の対日認識は大きく変わったことを、このアンケートから確認することができる。

権力内部の暗闘

マラリ事件を語り継ぐことの難しさは、この事件が軍権力による情報統制の厳しい社会体制下で発生し、核心部分が未だに闇に包まれていることに起因している。しかし時の経過とともに、関係者の証言等により明らかになってきたこともある。そういう証言の再整理という観点から「テンポ」誌のマラリ事件特集号は、幅広く関係各層への取材を行っていて、相当に力がはいったものだった。

強いリーダー不在のインドネシアでは昨今、「決められない政治」に飽き飽きした庶民から、家父長的強い指導者を演じたスハルト大統領の時代をなつかしむ声が高まっているのは、第三章で述べた通りだ。そんな風潮のなか、過去への幻想をいだくのはやめにしよう、という編集方針が記されていた。つまりこの特集は単なる歴史回顧ではない、ということだ。

過去の問題ではなく現在のインドネシア民主主義のあり方に関わる問題としてマラリ事件がインドネシアで語られていることは、日本ではほとんど知られていない。

衆目の一致するところは、マラリ事件は、単なる日本に対する抗議行動が暴走した反日暴動ではなく、インドネシア内部の権力闘争と深く絡み合っていたということだ。事件発生直後に、インドネシア政府は「政権打倒と憲法改正を目指す謀略」と結論づけ、インドネシア社会党やマシユミ党の党員たちが陰謀に関わったとして検挙していったが、これも実は表面上のつじつま合わせにすぎなかった。

「テンポ」誌は、「マラリ事件を転機にスハルトへの権力集中が加速し」、「事件を口実に反対勢力とみなされる人びとへの体制側による弾圧が強まった」と述べ、「国家権力が仕組んだ暴力の典型例」であると位置づけている。

文化交流重視という新外交

このような事件の性格から、「マラリ事件はスハルト政権内部の権力闘争であり、日本はスケープゴートに過ぎない。『反日』暴動ではなかった」という議論もある。しかし、当時厳しい対日認識が存在していなかったかのように捉えるのは、事実に反するものであろう。

反日行動を起こした学生たちのみならず、当時のインドネシア政府内部も日本に対する批判的気分を幾分かは共有していたのは間違いない。スハルト大統領自身が日本側との会談で「日本人は商売にのみ熱心で、インドネシア文化を理解することに消極的だ」と苦言を呈している。

この事件が日本外交に与えた衝撃は大きかった。インドネシアから帰国の機中で田中首相は、暴動の原因を探り早急に対策を練るように指示を出し、「経済偏重と、在留邦人の現地文化への無理解が、対日批判を招いている」という見方が外交関係者、在留邦人のあいだで危機感をもって共有されることとなった。

慶応大学の倉沢愛子名誉教授は『戦後日本＝インドネシア関係史』（草思社）において、「日本とインドネシアの関係を見るとき、反日暴動は一つの重要な分水嶺になった」と述べ、「在留邦人のインドネシアに対する姿勢もこれを契機に少しずつ変化し」「文化相対主義的な考え方が浸透していった」と指摘している。同教授は、文化交流路線への転換を示すものとして、国際交流基金ジャカルタ事務所開設とトヨタ財団の「隣人を知ろう」プログラム創設をあげている。

さらに、マラリ事件の発生は、外交に理念をもたせることの重要性を日本政府に痛感させ、これが後述する「心と心のふれあい」を掲げる福田ドクトリン（一九七七年）につながっていった。インドネシア社会科学院の歴史研究者アスヴィ・ワルマン・アダム氏が「コンパス」紙（二〇一四年一月一八日）上の「マラリ事件四〇周年回想」と題する寄稿において、前述倉沢教授の研究を参照しつつ、日本とインドネシアはマラリ事件からそれぞれ何を学んだか、という点について述べていた。

スハルト政権は権力集中を強化するために事件を利用したが、日本はこの事件を教訓に、官民あげて文化交流を強化し、インドネシア研究を盛んに行い、インドネシア文化、国民感情に配慮するようになった。より賢明な政策転換を行ったのは日本である。

このようなインドネシアからの声に接して、胸を張るのではなく、改めて日本も襟を正すべきであろう。「テンポ」「コンパス」等インドネシアの代表的メディアが、マラリ事件四〇周年に関連する記事を掲載したが、私の知る限りでは日本では話題にならなかった。

気がかりなことがある。現在のインドネシア対日感情の良さが、日本社会において単純化、拡大解釈され始めているような気がするのだ。「根っからインドネシア人は日本びいき」といった言説が近頃よく聞かれる。危うい認識だ。

ジャカルタで暮らす邦人社会でも、世代交代が進むなか、かつてこの国に厳しい対日感情が拡がっていた記憶、そうした感情が存在することを前提に自らの暮らし方を律していかねばならないという自戒の念が希薄化している。

マラリ事件をふりかえることは、先人たちがインドネシア、東南アジア社会との関係作りを真剣に模索した、その営為を学ぶことに他ならない。

日本が改めて東南アジアとの結びつきを強める今こそ、原点に立ち返って、自らのありようを問う作業を怠ってはならないのである。

3　反日感情はなぜ消えたか

東南アジアが評価する名演説

一九七七年八月一八日。この日、東南アジア歴訪の旅にあった福田赳夫首相は、最後の訪問地マニラで、対東南アジア外交の理念について演説した。演説の終盤で、福田は以下の通り述べている。世にいう「福田ドクトリン」である。

第一に、わが国は、平和に徹し軍事大国にはならないことを決意しており、そのような立場から、東南アジアひいては世界の平和と繁栄に貢献する。

第二に、わが国は、東南アジアの国々との間に、政治、経済のみならず社会、文化等、広範な分野において、真の友人として心と心のふれ合う相互信頼関係を築きあげる。

第三に、わが国は、「対等な協力者」の立場に立って、ASEAN及びその加盟国の連帯と強靱性強化の自主的努力に対し、志を同じくする他の域外諸国とともに積極的に協力し、また、インドシナ諸国との間には相互理解に基づく関係の醸成をはかり、もって東南アジア全域にわたる平和と繁栄の構築に寄与する。

大半の日本の若者に「福田ドクトリン」について聞いても返ってくる答えは、「?」であろう。それは東南アジア諸国においても同様であって、「親日感情」が強いとされている地域であるにもかかわらず、大方の市民は福田赳夫という政治家の名前すら知らないというのが現実だ。しかし、東南アジアの対日、対アジア外交専門家、日本研究者、元日本留学生のあいだでは、戦後日本外交の一つの金字塔として「福田ドクトリン」が高く評価されているのである。

例えば、二〇一三年ラウトリッジ社から発行された「日本の対東南アジア関係：福田ドクトリンとその後」は、シンガポールで開かれた「福田ドクトリン」を再考するシンポジウムをまとめた論考集である。編者のシンガポール国立大学研究フェローのラム・ペンエ氏は、序文で以下のように福田ドクトリンの意義を示している。

福田ドクトリンの発表とその実行は、東南アジアの対日イメージを、如実に改善させた――「恐るべきサムライ国家」「強欲な町人国家」から、「平和を育て、援助に取り組み、地域共同体形成に積極的な国家」へと――第二次世界大戦中の大日本帝国による東南アジア占領（の歴史）を乗り越えて、東南アジアと日本は和解を成し遂げ、もはや両者のあいだに戦争が勃発することを予想する者はどこにもいない。

さらに同じ論考集のなかで、タイ、タマサート大学キティ・プラサートサック准教授は、「福田ドクトリン」が経済的、文化的に健全な日本・ＡＳＥＡＮ関係の基盤となり、この基盤が今日の「東アジア共同体」論の原資になっていると指摘している。地域共同体形成の観点からみれば、福田ドクトリンの要諦は、日本と東南アジア間の「信頼醸成」「人材育成」「（連帯）アイデンティティー形成」であり、四〇年近くも通用する日本の対東南アジア外交の基本的枠組みを敷いたということである。

文化交流史の視点から

確かにこの四〇年間における国際交流基金の対東南アジア交流事業をふりかえってみると、ラム氏が挙げる東南アジアの対日イメージの顕著な改善を実感するし、キティ氏が指摘する通り「福田ドクトリン」が照らす方向に向かって日本は模索を重ねてきた、ともいえる。

通常、「福田ドクトリン」については、①カンボジアの平和構築に日本が果たした役割等の安全保障政策、②東南アジアの発展に日本のＯＤＡが如何なる貢献をなしえたのかといった経済協力政策、そして③「心と心の触れあい」という言葉から想起される文化交流政策、といった三つの政策分野から語られることが多いが、ここでは③の文化交流政策に絞って話を進めてみよう。

「北人南物」という言葉がある。「北」（欧米先進国）とは文化、学術、科学を通じた関係を深め、「南」（途上国）とは、資源、投資、市場を通じた関係を築けばよいという日本の東南アジア観である。早稲田大学後藤乾一名誉教授の『東南アジアから見た近現代日本』（岩波書店）によれば、「北人南物」は、近代以降の日本において長く抱かれてきた東南アジア観であり、外交政策もこうした認識とは無縁でなかった。

「福田ドクトリン」の歴史的意義として第一にあげるべきは、戦後日本のアジア外交において、「政治」「経済」のお飾りとしてしかとりあげられることのなかった「文化」について、はじめて首相がその重要性を認知し、外交原則の一つとして言明したことだ。

インドネシアを初めて訪問した日本の現役首相は戦時中の東条英機（一九四三年）であり、戦後は岸信介（一九五七年）である。東条のインドネシア訪問は、第二次世界大戦完遂のために日本にとって生命線ともいえる資源の宝庫インドネシアとの関係強化のためであったし、岸の訪問は賠償と経済協力によって両国の経済関係強化、日本の輸出市場を確保することであった。いずれも「文化」を正面に据えるアプローチはなかった。「東南アジアにみるべき文化、人物なし」という「北人南物」的東南アジア観は、戦時中・戦後も途切れることなく、日本の東南アジア理解の基調をなしてきたといえよう。

「福田ドクトリン」は、この「北人南物」的東南アジア観を超えて、東南アジアにも敬意を表すべき「文化」が存在する、と今日の感覚から言えば当然すぎるくらい当然のことを、日本のトップが初めて明言したことに大きな意義がある（ここで述べられている「文化」とは、文学、美術、音楽、舞踊、遺跡、学術、スポーツなどを含んだ広義の概念である）。

日本人が謙虚にこれを学び、感動するならば、この地域と心を通わせることができる。日本文化の東南アジア紹介・東南アジア文化の日本紹介を通じた双方向交流によって、信頼関係を醸成することができる。そういう伸びやかなメッセージが東南アジアに向けて打ち出されたのである。「心と心の触れあい」は、日本の首相が東南アジアの民衆に直接アピールする力をもった、パブリック・ディプロマシーのキーワードとなった。

第二の歴史的意義は、文化を通じて日本がＡＳＥＡＮの地域統合に貢献するという、今日においても先進的といえる斬新な文化交流政策が語られていたことである。「福田ドクトリン」の発表にあわせて、日本政府は五〇億円の文化基金を拠出し、ＡＳＥＡＮ自身による東南アジア研究、公演、展示等の交流への活動支援を表明している。

ここで登場するもう一つの重要なキーワードが、「対等な協力者」（イコール・パートナー）であろう。これは戦中の日本が、「日本を盟主とする大東亜共栄圏」構想を打ち出し、大東亜共栄圏家族において弟たる東南アジアは、長兄たる日本の指導に従わなければならないとして、東南アジアの知識人たちの自尊心を深く傷つけたことに対する反省から産み出された表現と考えたい。「福田ドクトリン」にはこの箇所以外にも、あえて核武装を拒否し、非軍事大国の道を歩むことの表明など、歴史に学んだ戦後日本外交のかたちが語られている。

第三に福田ドクトリンが歴史の試練に耐えて評価を受けるのは、その後の三九年において日本外交が理念だけに終わらせず、これを現実に近づけるために、他国の外交にあまり例がない模索を試みたからである。

前述のＡＳＥＡＮ文化基金創設がその一例であり、国際交流基金が一九九〇年に創設したアセアン文化センターは、東南アジアの「心」に日本国民が触れあう機会を作るため、日本とアジアの市民が「対等な協力者」として共通課題について対話し、協働することを加速させるために設けられた。すなわち「福田ドクトリン」の精神の延長線上にある政策だった。

国際交流基金アセアン文化センターの創設にジャカルタで関わった者として、その現場には今までにないものを創るのだという挑戦者魂があふれていたと記憶する。器の大きい理念は、多くの人びとに夢を描く場を与えてくれるのだ。

未来を見据えて

世代交代が進んだ現在では、日本だけでなくインドネシアの青年も、かつて七〇年代には厳しい反日感情、対日警戒論が東南アジアに存在していたことを知らない人が多い。「日本が独立を助けたので、インドネシア国民は日本に感謝しており、建国以来インドネシアは親日である」という、一世代前のインドネシア国民が聞いたら苦笑いするに違いない、単純化された歴史認識が、日本国内で流れている。しかし、私自身のジャカルタ駐在経験からいえば、八〇年代終わり頃でも、まだ反日の余韻は確実に残っていた。

「福田ドクトリン」が打ち出された背景には、このような東南アジアの反日感情をどう克服していくかという外交課題の存在があった。一九七四年一月、田中角栄首相が東南アジアを訪問した時に発生した激しい反日暴動が、外交当局者に、政治・経済のみに依拠した二か国関係の脆弱性に目を向けさせ、「福田ドクトリン」誕生の契機となったのだ。

一九八〇年代までインドネシアに残っていた反日感情は主に、①日本軍政時代の負の記憶、②進出した日本企業や邦人のインドネシア文化・価値への無理解と傲慢な態度に起因していた。

①について思い出すのが、二〇年以上前、最初のインドネシア駐在時代のことである。一九九二年三月九日は、オランダ植民地政府が日本軍に降伏した日から半世紀にあたる日だった。インドネシア科学院が、日本軍政を、インドネシア史においていかに位置づけるべきか、日、米、豪、欧、東南アジアの研究者を集めた学術会議を開いた。

日本軍政時にジャーナリストとしての一歩を踏み出したベテラン記者、ロシハン・アンワール氏が、初日討論の冒頭で語ったのが、当時の日本人から投げつけられた日本語「お前たち、原住民は皆、バッギャロー(馬鹿野郎)だ!」だった。「バカヤロー!」という日本語は、本当に様々な場面で多用されたようで、近代インドネシア語の父と呼ばれる大知識人タクディル・アリシャバナ氏、作家のウマル・カヤム氏も、若き日に受けた屈辱の思いを語っている。

②について言うと、「福田ドクトリン」発表の前年、一九七六年三月に国際交流基金が開催した「東南アジア諸国と日本との文化交流に関する国際シンポジウム」で、東南アジア有識者が「日本企業が東南アジア諸国とその人民を搾取しているとか、現地の民衆の願望に何らの同情も持ち合わせていないとか言う主張や反感」が反日の原点にあり、「相手国の非ビジネス、非政治エリートと、もっと文化的な相互関係をもつ必要がある」と繰り返し主張したことが記録されて

いる。

こうした記録を読むたびに思うのが、今日のインドネシアの良好な対日感情は、障害を乗り越えて、種を蒔き、肥料を与えて育んできた先人の営為の賜物であるということだ。

4 歴史を語り継ぐことの重要性

交流のスタートラインでの「ありがとう」

今を生きる我々が忘れてはならない人たちがいる。戦後日本とインドネシア国民の出会いに、未来に向かって木を植えようとした無名の日本人（かつインドネシア人）だ。彼らの想いを伝える記録がある。

日本の敗戦後、様々な事情から帰国せずインドネシア独立戦争に身を投じた日本兵たちがいた。月日が流れて「元残留日本兵」と呼ばれた彼らはすでに世を去ってしまったが、生前、年老いた彼らは「福祉友の会」という互助団体を作り、「逃亡兵」の汚名を着せられた人びとの名誉回復や日本とインドネシアの友好親善に貢献した。今は、彼らの子ども、孫たちが会の運営を支えている。

「残留日本兵」とは、一九四五年八月敗戦後、帰国せず東南アジアや中国の現地にとどまった日本兵を指すが、インドネシアでは、生まれたばかりのこの国とオランダとの間で始まった独立戦争に加わった者も多いとされる。

独立戦争に参戦した日本兵の数については諸説あるが、元残留日本兵とその家族の相互扶助組織「福祉友の会」が発行した記録集「インドネシア独立に参加した『帰らなかった日本兵』、一千名の声」(二〇〇五年)に収録されている同会作成の統計によれば、

① 独立戦争戦没者二四六名
② 独立戦争行方不明者二八八名
③ 独立戦争後の生存者三二四名
④ 独立戦争後の日本帰国者四五名

合計　九〇三名、となっている。

戦後しばらく「逃亡兵」とみなされ顧みられることがなかった彼らを歴史として叙述する試みでは、早稲田大学の後藤乾一名誉教授がいち早く一九七〇年代に、ジャワ島で壮烈な戦死を遂げた市来《いちき》竜夫《たつお》に光をあてた『火の海の墓標』(時事通信出版局)他の研究を発表している。近年では小野盛氏の陣中日誌を掘り起こし、彼への詳細な聞き取り調査に基づいて執筆された大阪経済法科大学の林英一助教の『残留日本兵の真実』(作品社)、『残留日本兵』(中公新書)が注目されている。

福祉友の会創立メンバーの一人、佐賀県出身の南里勇氏は一九四二年パレンバンに上陸し、スマトラ油田の火力発電所建設に従事した。日本降伏直後の一九四五年九月インドネシア国民防衛軍に捕えられ、そのまま同隊に入隊し、青年たちの軍隊教練を指導した。インドネシアで家族をもち、戦後を同国人として生き、一九八五年に六五歳で没し、今はジャカルタのカリバタ英雄墓地に眠っている。

南里氏が、亡くなる三年前の福祉友の会月報（一九八二年八月）に、戦後の思い出を綴った随想を寄せている。海外渡航が完全自由化される以前の一九六三年、インドネシアに日本人がほとんどいなかった時代、南里氏が暮らしていた南スマトラに、日本でインドネシア人留学生と出逢い、結婚した若い日本人女性がやってきた。日本語で気兼ねなく話せる年上の相談相手となった南里氏に、ある日、彼女は悩み事をうちあける。毎朝、買い物に行く市場のあちこちから、彼女に「馬鹿野郎」という罵声が飛んでくる、というのだ。「どうしてインドネシア人は馬鹿野郎しか知らないの」と屈辱を訴える彼女に、南里氏は以下のように語りかけた。些か長い引用になるが、心に染みる南里氏の言葉のひとつひとつを紹介しておきたい。

私はこの若奥さんに大変すまない事をした様な気になり、ジーンと胸が痛んで、しばらく頷くだけで、舌がもつれて何も言えなかった。

「あのネ、それは昔戦争時代に日本の兵隊さん達が、彼等インドネシア人達を馬鹿野郎と罵ったので、今日本人を見たら、そう叫ぶ。お返しみたいだ。若い日本人の所為ではない。本当に済まないナー」と。そして「小父さんは、こう考えているがやってみる？　それはネェ、馬鹿野郎と言った者に頭を下げて、〝有り難う〟と言ってごらん。彼らはバカヤローの意味も知らずに、はやしている者だと思う。一回でもいいからやってごらん。出来る？」

その後忘れ去っていた私の所に突然訪ねて来て、「小父さんあの話、どうも有り難う。小父さんの言う通りにしたの。それで今、〝ニョニャ有り難う〟〔「ありがとう夫人」の意〕の名を貰い、毎日買物に行くのが楽しくなりました。〝有り難う〟と言った者の所で値切らずに買っちゃうの」と。

私もニコニコ顔になり、爽やかな気分になった。

今、彼女は四〇歳。三名の子供がおり、夫は市長になっているとか。

かつてこの国に、日本から遠く離れたスマトラの地で友情の種を植え続けた南里氏のように市井を生きた人びとがいたのである。そのおかげで今我々は日本とインドネシアの友好の果実を味わうことができる。しかし現代を生きる我々がこれにあぐらをかいて、未来に向かって育てていく姿勢を怠れば、稔りをもたらす豊かな森も枯れてしまう可能性があるということでもある。目先のことにとらわれることなく、次の世代のための種を蒔き続けるひたむきさを放棄してはならない。

アドミラル前田をどう思いますか？

もう一人、日本ではほとんど忘れられているが、インドネシアでは今も若い世代にまで脈々と語り継がれている人物について語りたい。

八月一七日は、インドネシア独立記念日である。日本国民にとって、八月一五日が戦乱による夥しい犠牲者への鎮魂に思いをいたす特別な日なのに対して、インドネシア国民にとって八月一七日は建国の理念を反芻し、独立の父たちの志を考える重要な一日だ。そしてインドネシアでは、一九四五年八月一五日から一七日までの三日間は、ひと続きの歴史ドラマとして理解されている。

一九四二年一月から三月にかけて日本軍は蘭領東インド（現インドネシア）に侵攻、占領し、三年半にわたり軍政支配した。

私がこの国に最初の駐在をした一九八九年から一九九三年までの頃には、日本による占領を実際に体験した歴史の生き証人たちが、インドネシアにも、日本にも少なからず存命していた。「近代インドネシア語の父」と呼ばれ、日本軍政を題材とする小説も発表していた文学界の高峰タクディル・アリシャバナ氏からは直接、日本軍政期に彼が手掛けたインドネシア語整備委員会での仕事について話を聞く機会もあった。当時御年八〇をこえておられたが、日本軍政とインドネシア語整備委員会の日々の記憶は明瞭で、あやふやなところが一点もなかった。若き日の強烈な体験だったのであろう。

しかし、今では日本占領を知る世代は、ほとんど姿を消してしまった。歴史の舞台が回転したことを実感する。

そうした中で、歴史の生き証人たちから彼らの「物語」を聞いて育った世代（つまり私と同世代の五〇代）、さらにそれ以降の世代は、歴史的記憶をいかに継承しているだろうか。そうした問いを考え始めたのは、二〇一四年二月下旬に国際交流基金の安藤裕康理事長がジャカルタ市内の高校を訪問した時からだ。日本語を学ぶ高校生たちと安藤理事長の懇談の席で、幾つかの質問があった後、一人の女子高生が手をあげた。

「アドミラル前田について、どうお考えになりますか？」

「アドミラル前田」、すなわち日本軍政期にジャカルタに置かれていた海軍武官府の前田精《ただし》武官（少将）に関しては、日本ではほとんど知られていないが、インドネシアでは教科書にも登場して、個人名が記憶されている数少ない日本人の一人である。そのことは知識として知ってはいたが、「まさしくこのことか」と感じ入った。

日本陸軍と海軍は広大な蘭領東インドを、分担領域を決めて軍政を敷いていた。ジャカルタがあるジャワ島は陸軍が担当していたが、陸軍との連絡調整を行うために、海軍はジャカルタに海軍武官府を設置しており、前田は一九四五年八月この海軍武官府の主だった。

描かれた「前田武官像」

なぜ前田武官が今でもインドネシアの人びとから記憶されているのか。この問いへの答えを求めて、学校教育の現場、歴史博物館、最近の出版物が前田をどのように語っているのか調べてみることにした。

まず学校でどのように教えられているのか。手元にあるのは、ジャカルタ市内の大型書店で購入したエアランガ社版「高校二年生用インドネシア史」である。

なおこの国では複数の出版社が独自の高校教科書を出版している。国定カリキュラムに準拠して、民間の個人や出版社が教科書を執筆し、それに国の教育文化省は出版許可を与える形をとっている。参照したエアランガ社教科書も、そうした複数ある歴史教科書の一つで、二〇一三年に定められたカリキュラムに準拠して作成された、購入時点では最新の教科書だ。

この教科書では、「インドネシアにおける日本支配」に四七ページをさいている。この分量を聞いただけで、いかに多くの第二次世界大戦に関する知識を、インドネシアの若者たちが学んでいるか察することができるだろう。さらに日本軍政期に続く「独立宣言とインドネシア政府樹立」の章、つまりインドネシアが国家として誕生する、その陣痛から出産に至る極めて重大な歴史局面に関する叙述において、前田が登場する。以下はその要約。

〔第四章、戦争末期の一九四五年八月初旬、寺内寿一南方軍総司令官がスカルノ、ハッタらに、

八月二四日をもって日本はインドネシアに独立を付与することを約していた史実に触れた後の箇所で〕

八月一五日、スカルノ〔初代大統領〕、ハッタ〔初代副大統領〕らは日本の連合軍への降伏を確かめるために、〔ジャワ島における軍政を担当していた〕軍政監部の山本茂一郎ジャワ軍政監〔陸軍少将〕を訪問したが、不在のため会えず、彼らは代わって海軍武官府の前田少将と面会した。前田は、日本降伏の事実を認めるとともに、「インドネシア独立準備委員会」を通じて独立宣言のための諸準備を始める道をスカルノらに開き、青信号を与えたのである。

〔同じく第四章、即時独立を主張する青年たちによるスカルノ、ハッタ拉致、その後解放等の動きがあった後〕

八月一六日夜、前田に伴われてスカルノ、ハッタは山本軍政監に面会を求めるも、両者と直接話すことを嫌った山本は部下の西村乙嗣《おとじ》軍政監部総務部長（少将）に応対するように命じた。西村が伝えたのは驚くべき知らせだった。「日本は降伏にあたって連合軍に対して、現状維持のまま占領地全域を引き渡すことを約したがゆえに、インドネシアの独立を許可することはできない」

教科書に掲載されている、独立宣言起草時のジオラマ

西村との折衝を断念したスカルノ、ハッタは急遽前田海軍武官宅に直行し、そこで独立宣言起草のための会合を開いた。その会合に参加していたのは、スバルジョ〔初代外務大臣〕、スカルニ、ディア、スディロ、サユティ・ムリクである。写真ジオラマにある通り、丸テーブルで宣言文案が練られた。スカルノが文案を執筆し、ハッタとスバルジョがそれぞれ意見を述べた。

この教科書二八七頁には、色枠で囲った前田に関する記述がある。以下はその拙訳である。

> 日本帝国海軍の前田精少将は、太平洋戦争期に蘭領東インドに駐在し、インドネシア民族の闘いに共感をもっていた将官である。インドネシア独立宣言において彼が果

たした役割は大変重要である。個人として彼は自らの邸宅を独立宣言起草のために使用することを認めて、宣言を発することを支援したからだ。同氏は、独立指導者たちの安全を保証するのをためらわなかった。この切迫した時局において、前田は高貴なる徳義を示したのだった。

つまりインドネシア側指導者たちが前田に恩義を感じるのは、軍政当局（陸軍）の憲兵隊に踏み込まれる恐れがない、安全な空間である海軍武官宅を宣言起草の場に提供したことにある。海軍武官府は、陸軍の管轄区域ジャカルタにあって治外法権的存在だったのだ。

ジャワ軍政の責任を負う日本陸軍の軍政監当局が独立を許可しない状況にあって、あえて独立宣言を発しようとすると、憲兵隊によって逮捕される可能性がある（とインドネシア側は考えていた）。そこに前田が救いの手を差し伸べた。日本軍に現状維持を厳命していた連合国側の意向に逆らって独立に協力することは、後に連合国から訴追されるリスクを、前田個人が抱えることになる。そのようなリスクがあるにもかかわらず、独立指導者への信義を重んじて彼がとった行動は、独立への大きな貢献であった、とインドネシア側は評価するのである。

独立宣言文が練られた前田海軍武官の官邸は、今は独立宣言文起草博物館となっている。町の中心ホテル・インドネシアに近い、高級住宅街メンテン地区の一角にある、瀟洒な邸宅だ。

この博物館のパンフレットによれば、八月一六日から一七日をまたぐ深夜、前田邸及びその前の通りには四〇~五〇人の独立指導者、青年たちが集まっていた。パンフレットの書きぶりは、前述教科書の叙述とほぼ一致する。軍政監部の西村総務部長宅から失望しつつ前田邸に戻ったスカルノ、ハッタ、スバルジョ、前田、三好〔俊吉郎軍政監部司政官〕は直ちに討議を開始したとして、以下のような印象的な情景が描写されている。

民族運動指導者が断固拒絶したのは、日本が連合軍に降伏する際の引継ぎ目録の一つとしてインドネシアが扱われることである。それゆえに彼らが主張したのは、「今こそ独立を宣言し、自らの運命を自らの手で決める権利を有していることを海外の人々に示すのだ」という決意だった。前田は、彼らの主張を静かに聞き、いつの間にか、ほとんど気づかれることなく二階の自室に辞去したのであった。

独立宣言起草に日本人は関与していたのか

ここに当事者、研究者のあいだで争点となっている問題がある。独立宣言文の起草に、日本側出席者が関与したか否かという点である。

軍政監部の西村総務部長との折衝が決裂し、前田武官邸にスカルノ、ハッタらが戻り独立準備のための会議が始まった時、その場にいた日本人は前田武官のほか、彼の部下だった西嶋重忠

（戦後は企業人、在野の研究者としてインドネシア地域研究に貢献）、吉住留五郎（インドネシア独立戦争に身を投じ、東ジャワで戦病死）、三好軍政監部司政官（外務省出身、陸軍側の立会として直前に招き入れられる）の四人である。

エアランガ社版教科書には日本側出席者の記述がなく、独立宣言文起草博物館の説明では、前田は出席するも途中で二階の自室に戻っていったというだけで、日本側が具体的な文章作成に関与したと印象付ける説明はない。これらインドネシア側の記述は、会議に出席し、後に回顧録を出版したスバルジョやディアの証言に拠るものと思われる。

二〇一四年、独立を実体験として知らない若い世代のジャーナリスト、ウェンリ・ワンハル氏が『日本の情報部員の軌跡：吉住留五郎、反逆の物語』をコンパス社から上梓した。前述の通り一時期海軍武官府に勤務し、前田の部下だった吉住留五郎に焦点をあて、戦前、日本軍政、インドネシア独立戦争の激動の時代をテーマとしている。

同書の最大の特徴は、海軍武官府の西嶋重忠による証言を採り独立宣言文起草過程において日本側の関与があったことを認定している点である。ポイントは、独立宣言文案に加えられた修正だ。

最終的にまとまった独立宣言文は、以下の通りの短文である。

「我々インドネシア人民は、ここに我々の独立を宣言する。権力の移譲、その他に関する事項は、適切な方法によって可能な限り短時間に解決されるものである」

この中にある字句「権力の移譲」について、原案では「権力の奪取」であったという。ウェンリ氏の本は、その修正経緯を以下の通り記述している。

彼〔西嶋〕によれば、日本軍を怒らせないという理由から修正が行われたという。「もしインドネシアが強制的に日本軍から権力を『奪取』しようとすれば、日本とインドネシア両陣営の紛争は避けられない。連合軍に敗北したとはいえ、その時点でインドネシアに駐留していた日本軍は無傷の兵力を維持したままだったからだ」と西嶋は語った。

このようにウェンリ氏の本は、従来インドネシア側の証言、研究において黙殺されてきた西嶋重忠他、日本側の証言を取り入れたものとなっており、さらに後藤乾一、林英一氏他、近年日本で発表された歴史研究の成果も参照されている。

スバルジョやディアにとって、インドネシア独立とは自らの命をかけた、それだけ思い入れも深い創作物なのであり、それゆえに独立はインドネシア国民自らの手で勝ち取ったものであらねばならず、そこに日本人が関与していたことは、最小限のものとしてとどめておきたかったのであろう。さらに「日本からの贈り物としての独立」を拒否し、日本の同意抜きの即時独立を求めて突き上げてくる急進青年グループの手前、スバルジョは、日本人が関わっていたとは言いにくい立場でもあった。

ウェンリ氏が近著において西嶋証言を取り入れたのは、こうした当事者たちの世代が去って、その後の世代の研究者たちが、より冷静な目で歴史を俯瞰できる環境がこの国のなかに拡がって来ていることを意味するのかもしれない。

以上、インドネシアにおいて前田海軍武官がいかに語られているか調べることで自分なりに確認できたのは、一九四五年八月一五日から一七日にかけて、主役、わき役がめまぐるしく入れ替わり、様々な主体が思惑をもち、発言し、行動し、かけ引きを繰りひろげる複雑な過程において「歴史」が造られていく、その流体力学である。あらためて、ひとつひとつの資料を読み、現場に立ってみると、「正義・不正義」とか「親日・反日」という単純な二分法ではこぼれ落ちていく、からみあった事実の連なりの膨大さに驚かされる。

一度はこぼれ落ちた事実を掬いあげ、記録し、整理し、保存していく地道な営為の大切さを痛感する。

よみがえる歴史もある

以上述べてきた通り、現在のインドネシアは世界で最も親日感情が強い国の一つである。しかし、かつて八〇年代ぐらいまでは厳しい反日的気運がこの国に存在し、その理由のいくばくかは日本の軍政支配時代の経験に起因していた。そうした過去は、世代交代を経て、滔々たる時間の大河の流れとともに消え去ったかのように見えるが、そうではない。

二〇一三年一〇月一二日「じゃかるた新聞」によれば、インドネシア日本友好協会のラフマット・ゴーベル会長は日系企業関係者との会合の席上で、昨今日系企業を標的とする労働デモが頻発し、そのなかに「〝ロームシャ〟のように扱われています」という横断幕が掲げられているデモがあったと述べ、「労使がきちんとコミュニケーションしなければ、日系企業への尊敬の念が失われていく恐れがある」「単にビジネスのみならず、ものづくり、ひとづくりの精神をインドネシア社会に積極的に伝えていかねばならない」と語った。

このことは、現在日本・インドネシア両国は良好な関係にあっても、ひとたび摩擦が生じれば、消え去ったかと思われた過去の記憶が、新しい文脈のもとによみがえる可能性があることを意味している。だからこそ常日頃から謙虚に、誠実に、歴史に向き合わねばならないのである。

第六章　イスラーム大国との新たな交流

1　パブリック・ディプロマシーの課題

インドネシアを魅了する韓国文化

前章で述べた通りインドネシアは日本に対する好感度の高い国であるが、課題もある。彼らの関心は、必ずしも日本だけに向かっているわけではない。彼らは日本のマンガ、アニメに強い関心を示すと同時に、韓流ドラマに夢中になり、週末は恋人とハリウッド映画を観にデートに出かける。つまりインドネシア都市部中間層の青年は文化的に親日であると同時に、親韓でもあり、親米でもある。

特にほぼ二〇年ぶりにジャカルタに戻ってきて驚いたのは、すさまじい韓流の勢いだ。八〇〜九〇年代のインドネシアでは、文化交流面で韓国の存在感を感じることはほとんどなかったのだが、二〇〇〇年代に入って、韓国発のドラマ、ポップミュージックが、インドネシアを席巻した。韓流ドラマは、二〇〇〇年代初頭からインドネシアで放送を開始したが、人気に火がついたのは二〇〇六年「フルハウス」の放送が始まってからと言われている。

アニメ、マンガ、コスプレでは依然として日本のポップカルチャーが優勢だが、メディアでの露出度が高いドラマ、ポップミュージックでは韓国勢の活躍が圧倒的である。

映画も勢いがある。韓国は毎年ジャカルタで韓国映画祭を開催している。二〇一三年の開会式では、インドネシア政府高官や国民的女優クリスティン・ハキムらが並ぶなか、韓国大使が高らかに開会を宣言した。観客席に座っているのは、多くが一〇代、二〇代の若者だ。

すでに韓国ブームは、ポップカルチャーの領域を超える社会現象となっており、「コンパス」紙、「テンポ」誌などインドネシアの有力メディアが、たびたびこの現象をとりあげている。二〇一二年一月一五日の「コンパス」紙第一面の「韓流、世界を襲う」と題する記事は、「アジアの若者は、Kポップを知り、その虜になった」「Kポップは目や耳を楽しませるだけではなく、スタイルが良く、陶器のような滑らかな容姿の韓国セレブたちのイメージが強く残る。今や多くの若者が、韓国セレブのようになりたいと思うのは驚くに値しない」と語り、ポップカルチャーがもたらすブランド・イメージによって、「韓国のコスメショップが次々とインドネシアに進出」「自動車、電気製品、スーパーマーケットまで、我々の生活は韓国製品に取り囲まれている」と報じている。

たしかに、インドネシアを魅了する「韓流」の影響は、単にエンターテインメントの領域にとどまっていない。ポップカルチャーは、韓国企業のインドネシアでの市場拡大を後押しし、インドネシア国民のあいだに韓国・韓国民への好感度を高めることで韓国外交に多大な貢献をなしている。韓国企業のインドネシア進出は、従来石油化学、鉄鋼、電気製品などの工業分野が中心であったが、近年では韓流人気とともに、消費財・サービス産業が相ついでインドネシアに乗りこんできている。

韓国中央日報（二〇一三年六月一一日）によれば、二〇〇八年にインドネシア一号店をだしたロッテマートは店舗数を三二店にまで増やし、売上高が一兆ウォン（一ウォン＝約〇・〇九円）を超した。一一年にインドネシアにやってきたばかりのロッテリアもすでに一九店を運営している。一二年にジャカルタ国際空港に開設されたロッテの免税店では、女優チェ・ジウが艶然と微笑む広告パネルが旅行客の目を奪う。ジャカルタ店の売り上げは、すでに世界トップのＤＦＳを抜いたという。

意外なところで韓国ポップカルチャー人気を思い知った。前述の通り、インドネシアは世界有数の日本語学習大国なのであるが、こうした日本語教育の実情を視察するために、着任早々、東ジャワ州の高校に視察に出かけた時のことだ。日本語を学ぶ高校生に「放課後、何しているの？」と聞いたら、かえってきたのは「韓国語を教える塾に行っています」との答え。韓流スターのファンである彼女らは、学校で指定された第二外国語学習が日本語ゆえに日本語を学んでいるが、韓国ドラマを原語で観たいので、日本語と韓国語は言語構造も近いと聞き、韓国語を自主的に学んでいるのだという。

インドネシアで急拡大した日本語学習者のなかには、少なからぬ韓国文化ファン層も含まれていると推測しうる（なお韓国語学習を希望する高校生は多くとも、韓国語を教えられる教師や適切な教材が不足しているために、実際に韓国語教育を導入している高校は二〇一三年時点では多くなかった）。

韓流の成功は、インドネシア政府にとっても大きな刺激となっているようだ。韓国映画祭の舞台挨拶にたったインドネシア教育文化省高官は、「韓流は韓国の国益増進に大きく貢献した。戦略的に文化を育てて、これを海外に輸出した韓国政府の文化外交は、インドネシアが見習うべき手本だ」という趣旨の発言をした。欧米や日本のような先進国ではなく、後発の韓国が文化外交で成功をおさめていることが、インドネシアをやる気にさせている。パブリック・ディプロマシーが大きな外交成果をあげた代表的事例である。

パブリック・ディプロマシーとは、国際社会のなかで、自国の存在感を高め、自国のイメージを向上させ、自国の理解を深めてもらうため、他国の国民に働きかけていく広報文化外交である。グローバリゼーション時代にあって、韓国をはじめ海外から様々な情報がこの国に流れ込み働きかけが行われるなかで、これまで同様に日本に対する関心を持ち続けてもらい（高い存在感と好感度の維持）、かつより深く日本について理解してもらう（日本理解の深化）ことが、インドネシアに対する日本のパブリック・ディプロマシーの課題であろう。

新たなミッション

二〇一一年三月一一日に発生した東日本大震災は、日本のパブリック・ディプロマシーに新たな課題をもたらした。

東日本大震災とは人類が初めて経験した未曾有の巨大災害であった。それはすなわち、この災害が巨大地震＋巨大津波＋原発事故による三重の複合災害、ということだ。インドネシアも二〇〇四年に、巨大地震＋巨大津波に直撃され、その犠牲者数は空前の規模であったが、原発被害は含まれていなかった。一九八六年にソ連が直面したのはレベル七（最悪）の原発事故であったが、地震や津波の対応をする必要はなかった。二〇一一年の日本は、自然災害プラス原発事故という、人類にとって未知の事態に直面した。

この最悪の危機にあって、被曝の恐怖から在住外国人が日本から離れていった。たとえば来日留学生は前年比で三六九九名減少し、年間来日外国人客の数は前年の八六一万人から六二一万人と、二四〇万人も激減した。放射能汚染によって日本の農作物は危ないという風評が海外で語れ「日本ではもはや人間が住めない」とか「日本経済は立ち直れない」、「日本はもはやアウトだ」という認識が拡がりつつあった。海外からみれば、日本そのものが「被災地」であった。

海外における風評被害に直面する日本が、そして経済的にも、精神的にも壊滅的打撃を受けた被災地が、復興への足がかりを得るには、正確な情報を提供し、かつ日本自体が復興への強い意志をもち、あきらめていないことを世界に示し、日本から離れていこうとする人・モノ・情報の流れを取り戻すことが求められていた。

こうした状況にあって国際交流基金も、文化交流によって日本と海外の連帯意識を育み、それが被災地の復興へのエネルギーとなって、復興に貢献していくという、新たなミッションを担うことになった。

筆者がインドネシアに赴任したのは、震災発生から六カ月後の二〇一一年九月。東日本大震災で日本が負ってしまったマイナス・イメージをいかにプラスに転化させていくか。そうした問題意識をもって、以下の通りいくつかの重点事業方針を決めた。

① 文化交流を通じて、災害多発国である日本とインドネシアがその被災体験を互いに学びあい、将来の災害に備える防災教育を強化する。
② 日本とインドネシアの被災者どうしが交流を通じて、互いを励ましあうことで元気になってもらい、復興に必要な社会の絆を強化し、震災で打撃を受けた地域文化の復興をめざす。
③ 復興交流事業を通じて、日本とインドネシアの市民・青年が双方向の対話、対等のパートナーシップを育む。
④ イスラーム教育機関との関係を深め、新たな日本理解者のすそ野を拡げる。

以下では、その具体的な事例を紹介し、日本とインドネシアの明日を予感させる希望の芽が育っていることを伝えたい。

2　新たなパブリック・ディプロマシーの取り組み

青年たちが主導する防災教育

ほぼ二〇年ぶりにインドネシアに戻って来て強く感じたのは、この国の青年たちの間で社会貢献意識が高まってきていることだ。スハルト強権体制崩壊後の民主改革は、着実にこの国の市民社会を成熟に向かわせている。この青年たちの社会貢献意識の高まりを反映して、東日本大震災後、ジャカルタ日本文化センターにも、「インド洋津波の際に救援にかけつけてくれた日本のために何かをしたい」「地震・津波・洪水・火山噴火などの自然災害に晒されるインドネシアのために何かをしたい」という声が寄せられていた。

ジャカルタ日本文化センターの中堅・若手職員たちがこれに着目して、インドネシア科学院との共同事業として、インドネシア青年を対象とする防災教育のモデル・プロジェクトを提案してもらう「日本・インドネシア防災教育　若者コンペティション」を企画した。この防災コンペに、イスラーム学生運動の拠点として有名なバンドン工科大学サルマン・モスクの学生ボランティアグループが参加したことは、第三章で触れた通りである。

日本大使館とも相談して、コンペの優秀者には、外務省の「キズナ強化プロジェクト」の一環として、被災地を中心とする日本への研修旅行に参加してもらうことを特典として位置付けた。

これにより、インドネシア青年に日本の防災・復興に関する知見を伝え、彼らのインドネシア防災・復興への主体的な関与を奨励することを目的とするプロジェクトが生まれたのである。

初年度は、二四名の招聘予定に対して、予想をはるかにこえる五五六人、二年目には一二七六人の応募があった。インド洋大津波のアチェ、ジャワ島中部地震のジョグジャカルタ、パダン沖地震のパダン（西スマトラ州）、といった被災地の大学生が多く応募してくれたのは、やはり防災や復興は、被災地の大学生にとって重要な課題として認識されているということであろう。

防災教育のNPO「プラス・アーツ」を主宰する永田宏和氏をはじめとする日本・インドネシアの専門家、有識者が審査を行った結果、モスクを復興の拠点として活用するインドネシアならではの復興アイディアを出した学生グループなどが訪日研修参加の機会を獲得した。選ばれた大学生たちは、日本に向い、日本各地の防災教育や被災地の復興の現状について学んだ。

この防災コンペは、二〇一四年から、日本とインドネシアを含むアジア六カ国の青年が互いに防災教育を学びあいながら、より災害に強い未来作りをめざす「ＨＡＮＤｓ！」プロジェクトに発展している。

復興交流によって高まる日本への関心

二〇一二年一二月、スマトラ島の北西端アチェ州の州都バンダ・アチェに出張し、この地の高校、大学で震災復興をテーマとする映画を上映し、文化、宗教がいかに防災や災害復興に貢献しうるか、大学生や高校生に講義した。

アチェ。インドネシアでも特別な文化、政治の歴史を有する州である。

二〇年ほど前の第一回目の赴任時には、インドネシア政府とアチェ独立派の紛争が激化し、外国人が気楽に旅行できる土地ではなかった。歴史をひもとけば、一六世紀、一七世紀の強大なイスラーム王朝であるアチェ王国が栄え、その後征服にやってきたオランダ植民地勢力に対して誇り高い抵抗運動が続いた。厳格なイスラームの教えが強い地域であり、イスラーム法に基づく州自治が実施されていて、飲酒、賭博、売春はご法度であり、違反者には厳しい処罰が行われる。

バンダ・アチェは、二〇〇四年のインド洋大津波により市街地の七割が壊滅した。

厳格なイスラーム支配が貫徹する、インド洋津波最大の被災地。バンダ・アチェに足を踏み入れる前に、そうした予備知識から想像していたのは、笑ったり、ふざけたりするのがはばかられるような重苦しく、はりつめた社会だった。

そんな先入観は、空港からバンダ・アチェ市国立第二高校に直行して、ここで教員や生徒たちと対話するなかで見事にひっくり返されてしまった。

人懐っこく、訪問客に親切なインドネシア社会の美風をここでも、いや他の地域以上に強く感じることができた。ヴェールをまとった高校生の女の子たちの表情は日本の高校生と変わらず、精神の躍動を示すように、時に目がくりくりと動き、三人寄ればかしましいし、時に恥ずかしげに下を向く。

健康的な高校生たちと明るく話していると、ここに大きな津波が押し寄せてきて、一五人の教員・職員と五〇〇人以上の高校生が亡くなったという悲劇が起きたことが嘘のように思える。でも津波の爪痕は確実に残っている。いや後世に語り継ぐために、彼らの意思で残している。写真をご覧いただきたい。海岸線から三・五キロ離れたこの高校に三・二メートルの津波が来たことを示すのが、女子高校生の後ろの記念塔だ。塔の先端が、実際に到達した津波の高さである。

この高校では、復興関連映画として「ロック　わんこの島」を上映した。二〇〇〇年の三宅島大噴火、噴火を生き抜いた復興のシンボル犬ロックと家族たちの絆の物語である。東日本大震災で学んだ家族の絆の大切さや復興への熱い志を世界に伝える復興関連事業にふさわしい映画だ。以下は、映画を見たアチェの高校生たちの感想。ちゃんと復興への思いは伝わっているのだ。

バンダ・アチェにある、津波の同校での最大到達地点を示す記念塔

「あきらめないこと、希望をもつこと。あきらめたら復興はならない」

「動物が人間をこんなに愛してくれるのだから、人間どうしがいたわりあえないわけがない。思わず涙がでた」

「(アチェの) もっと多くの被災地で上映してほしい。彼らの娯楽となり、そこから学べるはずだ」

ところで、バンダ・アチェ市国立第二高校では全校生六七五人が日本語を学び、日本に研修滞在したことがあるオシドリ夫婦ワワン先生・エヴィ先生らが日本語を教えていた。アチェ地域日本語教師会によれば、バンダ・アチェ市だけでも七つの高校、一つの中学で日本語が教えられており、アチェ州全体ではかなりの高校で日本語が教えられているという。

第二高校の校長は四〇代だろうか、まだ若くエネルギッシュな印象を与える人で、「我が校の日本語教育は二〇〇七年から開始されたが、これからもアチェの高校日本語教育の中核校として力を入れていきたい。そのために日本の語学学校と合意文書を結んだ。日本との交流を通じて、日本の先進的な防災教育を取り入れたい」と熱く語ってくれた。

ワワン・エヴィ夫妻や校長先生の話を総合すると、紛争でインドネシア国内、海外との交流が途絶していたアチェに転機をもたらしたのが、二〇〇四年のインド洋大津波の被災体験であった。これを機に紛争が終結し、緊急支援から復興に至る過程で、政府・民間様々な立場の日本人関係者がアチェを訪問し、この地の人びととともに懸命に復興に取り組んだことが、アチェの日本への親近感を高めた。さらに被害が甚大であったがゆえに、復興はアチェのみではならない、国際社会との協働が必要、とアチェの人びとは身にしみて感じていたのである。

被災者どうしの交流による地域文化の復興

二〇一五年三月七日には、インドネシア中部ジャワの古都ジョグジャカルタで、岩手県普代村に伝わる鵜鳥《うのとり》神楽の公演を開いた。同神楽にとって長い歴史で初の海外公演だ。第二章で登場したインドネシア・イスラームを専攻している見市建氏や民族音楽研究者の方々が、この公演をプロデュースしてくれた。

鵜鳥神楽は、陸中沿岸地方に伝わる、全国的に珍しい「廻り神楽」の一つである。東日本大震災で大きな被害を受けた陸中沿岸の漁民たちに広く信仰されている鵜鳥神社に伝わる、この神楽は、海が荒れて休漁せざるを得ない漁民たちの冬の娯楽として長く親しまれてきた。正月から二カ月をかけて各地を巡業する。

陸中の沿岸地域に密着した鵜鳥神楽が、二〇一一年の大津波によって巡業先の宿を破壊されたため、毎年行われてきた巡業を、翌年休止せざるをえないかもしれない状態に陥ってしまった。伝統芸能が途絶えるかもしれない大変な危機的状態である。

とはいえ神楽の危機は、大津波に始まったわけではない。高齢化、若年層の減少、地域社会の疲弊という日本全国の地方に共通する現象が、神楽の次代の担い手となる若者、スポンサーである観客層を減らして、鵜鳥神楽の存立基盤を弱体化させていた。東日本大震災は、基礎体力を失いつつあった伝統芸能を直撃したのだ。

しかし厳しい大自然にもまれ、鍛えられてきた陸中の民が育んだ神楽の生命力は、消えていなかった。仮設住宅などに離れて暮らす地域の人びとが鵜鳥神楽を楽しみにしているという声は、自身も被災者である神楽衆を奮起させる強い動機となった。神楽は、離ればなれになった人びとを結びつけ、地域社会の結束を深めさせる貴重な機会を提供したのである。

今回のジョグジャカルタ公演も、海外との交流を通じて、伝統芸能に新たな生命力を吹き込む新しい試みである。公演地ジョグジャカルタは、ボロブドゥールやプランバナンといった世界遺産に近く、ジャワ文化の中心地として舞踊、影絵劇、バティック（ジャワ更紗）などの伝統文化の都と呼ばれている。これらジャワ文化は地域社会に密着し、今もジャワ民衆の生活のなかに息づいているのだが、二〇〇六年ジャワ島中部地震や二〇一〇年ムラピ火山の噴火は、地域住民に甚大な被害をもたらした。

復興・防災の道のりのなかで、民俗芸能が人びとの誇りを支え、地域社会の絆として機能している点など、ジャワの古典舞踊が鵜鳥神楽と共通することも多い。同じような課題を背負い、汗を流している人びとが心通わせ、交流することで、モチベーションを高め、視野を拡げるきっかけになるかもしれないと考えると、ジョグジャカルタは鵜鳥神楽の公演にふさわしい地なのである。


雨季特有のどしゃぶりの雨でまばらだった観客席も、雨があがり夕闇の深まりとともに、地域住民が次第に集まってきて賑やかになってきた。その数、ざっと二〇〇人ぐらいだろうか。鵜鳥神楽を支えてきた漁民たちの大漁旗の前で、ジャワの舞姫たちが古典舞踊を奉納することから公演は始まった。

鵜鳥神楽より、勇壮に舞う「山の神」。左は三上岩富太夫

鵜鳥神楽は、泥臭いまでに勇壮な「山の神」の舞や、ユーモラスな海の神「恵比寿舞」を得意演目とする。

勇壮なお囃子とともに登場したのが「山の神」。腰に太刀を差した、赤い恐ろしい形相をした神様は、大地を踏みしめ、空高く跳びあがり、激しく舞い踊る。ダイナミックな力強い舞だが、神楽衆に聞いたところでは「山の神」は女性なのだそうだ。赤い形相はお産で息んでいるからで、安産の神さまでもあるという。漁民たちにとって、山は海上の航路の道標となるもので、自分たちの安全に直結する重要な存在だ。芸能の世界においても、山と海はつながっている。

インドネシアの観客にとって、鵜鳥神楽は異質な外国文化ではなく身近な存在と映るらしい。観客の芸術系大学の若い学生たちは目をいきいきさせながら、めまぐるしい舞に見入っていたし、公演団の最長老である九〇歳近い三上岩富太夫の小気味よい太鼓のリズムにつられて、舞台前で踊り出す少女もいた。

三上岩富さんは、七〇年間、鵜鳥神楽を演じてきた。長い芸歴でも海外公演は初めてだ。「まさかこの齢で外国に来るとは思わなかった」と公演前に訥々と語っていた彼が、目の前の舞台で汗だくになりながら力強く太鼓を叩いている。張り切りすぎて倒れるのではないかとこちらが心配になるぐらいだ。仲間の神楽衆から「今日の三上さんは、声がよく通っているなあ。張りがあるし」と感嘆の声があがる。インドネシアのお客さんの反応がよいので、やる気に火がついたようだ。

かつて駐在したインドで、消滅の危機にある伝統芸能を国際交流プログラムで復活させようとした時も、年老いた往年の名手が外国の青年たちに「観られる」ことによって、躍動感を取り戻したのを目撃したことがある。その時と同じだ。

インドネシア公演が、鵜鳥神楽の活性化につながり、長く続いてきた至宝のような伝統の継承に少しでも貢献できたなら、これほど嬉しいことはない。

幻の首相スピーチで語られた新しい交流のかたち

二〇一三年一月一八日夕方、ジャカルタ市内のホテルで安倍晋三総理大臣は「開かれた、海の恵み――日本外交の新たな五原則」と題するスピーチを行うことになっていた。ところが、緊急のスケジュール変更で日本に帰国することになったため、このスピーチが首相の口から直接語られることはなかった。幻となった安倍首相スピーチの原稿全文が、官邸や外務省ウェブサイトに公開されている。

この演説には、日本とインドネシア交流の歴史という観点から、大変重要なことが書かれていた。日本とインドネシアの関係が新たな時代に入ったことを告げていたのである。

それは何を意味するのか。日本がインドネシアに「教える」こと、「助けてあげる」ことではなく、インドネシアに「教えてもらった」こと、「助けてもらった」こと、すなわちインドネシアが日本の「対等なパートナー」であることへの感謝の言葉「トゥリマカシ（ありがとう）」が、インドネシア語で首相によって語られるはずだったのである。

首相が語るはずだった逸話の一つが、ＥＰＡ（経済連携協定）に基づき来日した看護師スワルティさんの東日本大震災被災地における活躍である。難関の国家試験を突破した記者会見の席上で、スワルティさんは涙ながらに救援活動への参加を上司に志願した。被災地に入った彼女は、五〇〇人以上が命を落とした町の避難所、笑顔を失ってしまった避難所で老人たちに、「ピカピカの未来がくるので、一緒にがんばりましょう」と語りかけ続けた。不思議なことに、彼女と話した老人たちに、孫に接するような微笑みが戻ってきたという。彼女だけではない。東日本大震災では、在日留学生など少なからぬ在日インドネシア人青年がボランティアとして被災地に入り、日本の市民とともに困難に立ち向かった。

もう一つの心打つエピソードの主人公は、ジャカルタで日本語を学ぶ青年たちである。ジャカルタに、日本語を学ぶ大学生たちが演じるｅｎ塾というミュージカル劇団がある。日本語、インドネシア語を教える民間学校ジャカルタ・コミュニケーション・クラブ代表の甲斐切清子《かいきりすがこ》さんが四年間、情熱を傾けて彼らを指導してきた。

東日本大震災の悲報に、ｅｎ塾の塾生ファドリ君と甲斐切さんが、インドネシアの学生ができることは歌で日本を元気づけること、インドネシアの明るさを日本に届けようと「桜よ～大好きな日本へ」という合唱曲を創った。共感するインドネシアの学生たちがジャカルタ日本人学校の体育館に集まり、けなげで、しかし力強い合唱を披露した。

「日本よ、あきらめるな」「日本よ、立ちあがれ」。遠いインドネシアで、日本をこよなく愛する若者たちが、窮地に立たされている日本に、精一杯の応援を贈ってくれている。

YouTubeに流れる感動の映像を観た安倍首相は「インドネシアの人々が日本人にたくさんの自信と勇気を与えてくれた」と述べ、青年たちを「心の友」（インドネシアで大ヒットした五輪真弓の唄）と讃えている。首相スピーチのなかで、合唱の映像が流されるはずだった。

スワルティさんや甲斐切さん、ｅｎ塾の青年たちのエピソードが語るもの。それは、政府や軍のエリートたちではなく、普通の市民同士の交流が日本とインドネシア二国間関係を豊かで強固なものにしていくという、新しい「パブリック・ディプロマシー」のかたちである。

イスラーム教育機関へ日本文化を「出前」

第二章でテロ対策の一環として、欧米諸国はインドネシアのプサントレンに対する支援を行っていることを報告した。しかし日本にとって、プサントレンを支援していくことは、それ以上に大きな意味があるように思える。

七〇年代末以降インドネシア社会に、「イスラーム化現象」の巨大な波がおし寄せている。この国の政治、経済、文化に影響をおよぼすイスラーム化現象が進むなか、日本・インドネシア間の文化交流を企画立案する立場にあって、イスラーム有識者との関係を強化し深化させていくことが重要課題となっている。そうした課題取り組みの一つとして、二〇一一年の赴任以来、イスラーム系教育機関、すなわち国立イスラーム大学有力校、プサントレンにおいて対話、日本紹介事業を展開している。

二〇一五年六月には、ジャカルタから車で二時間ほど南に下った西ジャワ州にある「プサントレン・ヌルル・イマン」にて映画「書道ガールズ‼　わたしたちの甲子園」の出前上映会を開催した。全寄宿生がやって来て、学校側はその数が一万人を超えているという。ふだんは午後九時就寝のところ校長先生の許可もあり、この日は午後一一時まで夜更かし。自分たちと同世代であろう愛媛の高校生たちの成長物語を、爆笑したり、ほろっとしたりしながら、楽しんでくれた。

ここの校長先生の言では、このプサントレンはイスラーム教育とともに、近代科学教育、外国語・国際理解教育の両立に力を入れているとのこと。

世界最多のイスラーム教徒人口を擁するインドネシアで、イスラームの教えを学ぶ若者たちが、日本、そして国際社会とつながろうと努力していることは、世界の未来に大きな意味を持つのではないだろうか。

これまで訪問したいずれのプサントレンでも指導者たちが一様に口にしたのは欧米世界からプサントレンがテロの温床と見られていることへの不満であり、素直にプサントレンのありようを見てほしいという訴えだった。「日本には、欧米社会に根強いイスラーム嫌悪に毒されることなくイスラームを理解してほしい」「日本ともっと交流したい」という願いは確かなものであると感じる。

大方のプサントレンでは日本語教師がおらず、周辺地域にも日本人を見かける機会はほとんどない。にもかかわらず、寄宿生たちが日本語クラブを結成して自主的に日本語を学んでいるプサントレンもある。プサントレン・ヌルル・イマンでは、寄宿生の一人がたどたどしいながらも懸命に日本語で歓迎スピーチを述べて、仲間たちから声援の歓声を受けていた。「今度数時間かけてジャカルタに出かけて、日本語能力試験に挑戦します」とニコニコ語る彼の言葉に、日本語教育に関わる者としての責任の重さをひしと感じた。

多宗教国家インドネシアの教育を下支えするプサントレンのなかで先覚的な指導者たちは、他宗教、国際社会と共存していく道を若者たちに教えたいと考え、そのために日本を始めとする海外諸国との交流プログラムを強化しようとしている。こうした動きに呼応し、将来のある若者たちに夢を見ること、見続けること、そのために努力することの大切さを実感してもらう。日本ができる重要な国際貢献の一つである。

そして、インドネシア社会の「イスラーム化」が加速するなかで、これまで縁が深くなかったイスラーム教育機関との関係を深めることは、新たな対日理解のすそ野を拡げる観点からも意義あるものと思われる。

日本のイスラーム理解が最重要

筆者がジャカルタで暮らした二〇一一年からの四年半は、スハルト政権崩壊後しばらくインドネシアから遠ざかっていた日本がこの国に再び目を向ける転換期にあたっていた。国際社会がインドネシアに対する評価を高めるなかで、日本もまたインドネシアへの関与を強めつつある。着任した二〇一一年当時と比べて帰国した二〇一六年には、明らかにジャカルタ市内で見かける日本人の姿は増えて、日本の存在感が増してきたような気がした。この感覚は統計からも裏付けられる。

一九九八年のジャカルタ大暴動、スハルト政権崩壊を境に急減したインドネシア在留邦人数は、その後もバリ島爆弾テロ事件、鳥インフルエンザ騒動、リーマン・ショック等のマイナス要因が重なり、一〇年にわたって停滞の時代が続いた。一九九八年に一四一一二人であったインドネシア在留邦人数は、一九九九年に一一七六六人と三千人減少し、なかなか九八年の規模に回復することがなかった。潮目が変わったのは、二〇〇九年である。以下の統計に見る通り、この年からインドネシア在住邦人数の急拡大が続いた。

インドネシア在住邦人数推移を観てみたい。

11, 263 人（2009）→12, 469 人（2011）→16, 296 人（2013）→17, 893 人（2014）

（在インドネシア日本大使館ウェブサイト　領事関連情報より）

この邦人数急増をもたらしたのは、日本企業のインドネシア進出である。以下の通り日本からインドネシアへの投資が急増している。

日本からインドネシアへの投資推移実現ベース（インドネシア投資調整庁より）

投資件数　124 件（2009）→421 件（2011）→958 件（2013）→1, 010 件（2014）

投資金額（百万ドル）　678. 9（2009）→1, 516. 1（2011）→4, 712. 9（2013）→2, 705. 1（2014）

日本の投資先としてインドネシアの重要性が増しているのは、やはり経済の成長及びこれに対する国際社会の再評価の流れと密接に関わりがある。

再び日本がこの国との関係を深めようとしている今、一九七〇年代の反日暴動の後に文化交流が強化された歴史的教訓からも、経済のみならず心と心の交流、文化による相互理解が重要だ。特に日本からの一方的な発信に終始することなく、インドネシア国民の心を理解すること、インドネシア理解の重要性を強調しておきたい。

そこで特に注意を要するのが、宗教なのである。「はじめに」に書いた通り、この国では宗教がもつ存在感は、日本では想像できないほど大きい。特に国民の九割が信仰し、宗教意識が活性化するイスラーム教の影響力は強まっている。

そうした状況下にあって、日本が先入観にとらわれず、あるがままのインドネシア・イスラームについて学ぶ必要性もますます大きくなってきている。

欧州で衝撃的なテロ事件が相次いだ後のジャカルタにあって、ときおり小耳にはさむ日本人同士の会話に、ひやっとすることがあった。「中東で戦争が絶えないのはイスラーム教のせいでしょう」「イスラーム教徒ばかりのインドネシアも危ないよねぇ」等々。日本語のわかるインドネシア人イスラーム教徒が聞いたら、どれほど心を傷つけられるだろう。

あらためて、生半可な知識で決めつけることなく、素直にこの国のイスラームの多様な現実に向きあおうではないか、という言葉で本書を締めくくることにしたい。

おわりに

インドネシアから日本に帰国して空港から自宅まで向かう中で、強く感じたのが、日本社会の少子高齢化がさらに進んでいることだ。駅前広場でも公園でも、中高齢者の姿が目立ち、子どもの割合が本当に少ない。

人口の半分が二六歳以下、最大年齢層は五~九歳というインドネシア社会のなかに四年半どっぷりと浸かってきたがゆえに、より一層「日本の老い」を感じてしまうのだろう。インドネシアではどこに行っても子どもたちが元気な声を響かせて駆け回っているし、チャンスをつかもうというキラキラ、時にギラギラした瞳の若者たちであふれている。筆者の幼少年時代である昭和三〇~四〇年代の高度経済成長に邁進していた日本のような、坂の上の雲をめざしてまっすぐに坂道を登っていく国のエネルギーを、現在のインドネシアは放出し続けている。

直観として感じるのが、さらに少子高齢化が進むと予測される日本が明日を切り拓いていくためには、インドネシアのような若い国のエネルギーをとりこみ、彼らとの協働関係を深化させていかなければならない、ということだ。そしてそれは、従来の「教える」「教わる」の垂直関係ではなく、苦楽をともにし「助け」「助けられる」対等のパートナーシップの関係であらねばならない。
そんなことを強く感じるのは、ＥＰＡに基づくインドネシア人看護師・介護福祉士候補者に対する予備教育の閉講式に出席する時だ。国際交流基金は看護師・介護福祉士候補者に対して、来日前六か月の日本語予備教育をジャカルタで毎年実施している。来日後の生活・研修をスムーズに始めるための基礎語学力を身につけさせるため、日本人とインドネシア人がチームを組む講師陣が懸命の指導にあたる。同じ目的に向かって切磋琢磨してきた講師と候補者たちが、六か月の山あり、谷ありの道のりを乗り越えて、予備教育の閉講式で涙を流して抱き合って喜びあう姿は感動的だ。

人なつこく、年配者を大切にする国から来た彼らは、日本社会で多くの人びとを癒し、勇気付け、感動を与える存在となりつつある。日本におけるインドネシアの好感度を高める上で、少なからぬ貢献を果たしているのだ。残念ながら国家試験に受からずインドネシアに帰国した人たちのなかにも、日本で学んだ技能や日本語能力を生かし、医療現場や日系企業等で活躍する人も少なくない。この制度から新しい親日層が形成されつつある。彼らは、日本・インドネシア新時代において両国のパートナーシップを担う貴重な資産なのである。

候補者の訪日に際して壮行会を開いてくれた鹿取克章大使（二〇一三年当時）は、彼らを「日本・インドネシア友好関係の未来を担う大切な人材」と呼んだ。彼らのような、これから日本に向かうインドネシアの大志を抱いた若者たち、加えて新たな出会いを求めてインドネシアに向かう日本の若者たちに幸多かれ、と祈らずにはいられない。

＊

本書の刊行にあたり、まずお礼を伝えたいのは、筆者のインドネシア理解の道しるべとなってくれたインドネシアの友人たちである。一人一人を挙げることはできないが、心より「トゥリマカシ（ありがとう）」。あなたたちは、私の「心の友」（第六章の安倍首相ジャカルタ演説でも触れられている、インドネシアでは誰もが知る五輪真弓の隠れた名曲）」という言葉を捧げたい。

そして万事大ざっぱでスキだらけの頼りない所長を支えてくれた国際交流基金ジャカルタ日本文化センターのスタッフ全員に謝意を伝えたい。筆者のジャカルタ駐在後半に、二〇二〇年までに一〇〇〇名を超える日本人をインドネシアの高校日本語教師や生徒の「パートナー」として日本語教育現場に送りこむ、日本語パートナーズ派遣事業をはじめとするアジアセンター事業が始まった。かつてない規模の国民間交流をめざす意欲的な試みに、日本人もインドネシア人も本当によくがんばって、力を発揮してくれた。日本とインドネシアの相互理解を縁の下で支えてきた、これからも支えていくだろう彼らは、私の生涯の誇りである。

さらに両国の友情を深めるために、時にともに汗水を流し、時に力強い支援をいただいた在インドネシア日本大使館及び各総領事館、ジャカルタジャパンクラブ、「じゃかるた新聞」はじめ報道関係、市民ボランティアの皆様にもあらためて感謝の意を表したい。今もジャカルタに残って奮闘されている方々の充実した稔りの多いインドネシアでの生活を祈っている。

地域研究というアカデミックな視点から外国を観る目を育ててくれた故片倉もとこ、後藤乾一、倉沢愛子、竹田いさみ、渡辺靖先生には深い学恩を感じている。

二〇〇七年に上梓した『テロと救済の原理主義』（新潮選書）以来再び、新潮社編集者の金寿煥さんが本書を世に送り出してくれた。この人は、前回もそうだったが、書き手以上に書き手が表現しきれていない物事の本質を理解して、的確なアドバイスをしてくれるありがたい存在だ。金さんという誠実な伴走者と、再度仕事をともにすることができたのは、誠に幸運なことだった。

最後に「ジャカルタ通信」の最初の読者として文章の推敲を手伝ってくれ、駐在生活を充実したものとしてくれた妻の智美と、高知と神奈川に暮らす私たちの家族に心からありがとうと伝えたい。

二〇一六年八月
小川　忠

主要参考文献（日本語のみ）

『イスラーム世界事典』明石書店、二〇〇二年
『岩波イスラーム辞典』岩波書店、二〇〇二年
『日亜対訳・注解　聖クルアーン第7刷』日本ムスリム協会、二〇〇二年
大形利之『インドネシアのテロリズム　過激なイスラーム・ウェブサイトからの考察』東海大学国際文化学部紀要第6号、二〇一三年
大形利之『ＩＳ（イスラミック・ステート）とインドネシアの首都で起きたテロ事件についての一考察』日本国際文化学会　第15回全国大会発表レジメ、二〇一六年
小川忠『インドネシア　多民族国家の模索』岩波新書、一九九三年
小川忠『原理主義とは何か　アメリカ、中東から日本まで』講談社現代新書、二〇〇三年
小川忠『テロと救済の原理主義』新潮選書、二〇〇七年
鏡味治也編著『民族大国インドネシア　文化継承とアイデンティティ』木犀社、二〇一二年
倉沢愛子『戦後日本＝インドネシア関係史』草思社、二〇一一年
倉沢愛子編著『消費するインドネシア』慶應義塾大学出版会、二〇一三年
国際金融情報センターレポート「イスラム金融とは？」国際金融情報センター、二〇〇六年、http://www.jcif.or.jp/docs/20060908m.pdf
後藤乾一『東南アジアから見た近現代日本　「南進」・占領・脱植民地化をめぐる歴史認識』岩波書店、二〇一二年
後藤乾一『火の海の墓標　あるアジア主義者の流転と帰結』時事通信社、一九七七年

佐藤百合『経済大国インドネシア　21世紀の成長条件』中公新書、二〇一一年
清水聡「インドネシアの金融システム　整備の意義と課題」日本総研調査部、二〇一五年、https://www.jri.co.jp/MediaLibrary/file/report/jrireview/pdf/8081.pdf
野中葉『インドネシアのムスリムファッション　なぜイスラームの女性たちのヴェールはカラフルになったのか』福村出版、二〇一五年
林英一『残留日本兵の真実　インドネシア独立戦争を戦った男たちの記録』作品社、二〇〇七年
林英一『残留日本兵　アジアに生きた一万人の戦後』中公新書、二〇一二年
福祉友の会『インドネシア独立戦争に参加した「帰らなかった日本兵」、一千名の声』福祉友の会、二〇〇五年
ボストン・コンサルティング・グループ「インドネシアの中間・富裕層は急増」ボストン・コンサルティング・グループ、二〇一三年、http://www.bcg.co.jp/documents/file142871.pdf
見市建『インドネシア　イスラーム主義のゆくえ』平凡社、二〇〇四年
見市建『新興大国インドネシアの宗教市場と政治』ＮＴＴ出版、二〇一四年
三浦雅士『青春の終焉』講談社学術文庫、二〇一二年

新潮選書

インドネシア　イスラーム大国《たいこく》の変貌《へんぼう》
躍進《やくしん》がもたらす新《あら》たな危機《きき》

著　者………………小川忠《おがわただし》

発　行………………2016年9月20日

発行者………………佐藤隆信
発行所………………株式会社新潮社
〒162-8711 東京都新宿区矢来町71
電話　編集部 03-3266-5411
読者係 03-3266-5111
http://www.shinchosha.co.jp
印刷所………………株式会社三秀舎
製本所………………株式会社大進堂
地図製作……………アトリエ・プラン

乱丁・落丁本は、ご面倒ですが小社読者係宛お送り下さい。送料小社負担にてお取替えいたします。
価格はカバーに表示してあります。

ISBN978-4-10-603792-4 C0331